55문장으로 끝내는
중국어 문법 노트

시사중국어사

55문장으로 끝내는
중국어 문법 노트

초판발행	2021년 3월 20일
1판 3쇄	2023년 2월 20일

저자	강병규, 이지은, 전기정, 정소영
편집	가석빈, 최미진, 엄수연, 高霞
펴낸이	엄태상
디자인	공소라
조판	이서영
마케팅본부	이승욱, 왕성석, 노원준, 조성민, 이선민
경영기획	조성근, 최성훈, 정다운, 김다미, 최수진, 오희연
물류	정종진, 윤덕현, 신승진, 구윤주

펴낸곳	시사중국어사(시사북스)
주소	서울시 종로구 자하문로 300 시사빌딩
주문 및 문의	1588-1582
팩스	0502-989-9592
홈페이지	http://www.sisabooks.com
이메일	book_chinese@sisadream.com
등록일자	1988년 2월 12일
등록번호	제300 - 2014 - 89호

ISBN 979-11-5720-185-3 (13720)

머리말

『(55문장으로 끝내는) 중국어 문법 노트』는 중국인이 실생활에서 자주 사용하는 표현 위주로 문법을 공부하면 좀 더 쉽고 재미있지 않을까라는 생각으로 기획하게 되었습니다. 그래서 본 교재의 목차 역시 기존 문법 교재와 달리, '과거 표현하기', '부정 표현하기'처럼 표현 위주로 구성하여 학습자들에게 상황별 문법 현상을 소개하였습니다.

이 책의 가장 큰 특징은 문법 현상별로 키포인트가 되는 주요 문장을 55개 뽑아 먼저 소개하고 그에 해당하는 내용을 설명한 점입니다. 주요 문장에는 간단한 학습 목표와 문법 포인트가 함께 제시되어 있습니다. 이 문장을 통해 학습자들이 스스로 문법적 특징을 먼저 고민해 보고 이어서 문법 설명 부분으로 넘어가도록 하였습니다. 이는 55개 주요 문장만 익혀도 관련 문법 지식이 떠오를 수 있도록 하기 위함입니다.

이 교재의 또 다른 특징은 바로 다양한 이미지를 활용한 문법 연습입니다. 55개 대표 문장에는 관련 이미지를 함께 넣었고, 연습문제에도 다양한 그림들을 통해 상황을 떠올리며 학습한 문법을 응용할 수 있도록 하였습니다.

크게 13개의 챕터로 나눈 본문 내용은 간단한 문장 만들기부터 시작하여 난이도를 높이면서 학습 내용을 배치하였습니다. 중·고급 수준의 학습자나 심화학습을 원하는 독자들이 눈여겨보면 좋을 내용은 Level Up 코너에 실었습니다. 마지막으로 한국인 학습자가 자주 틀리는 문장을 제시하여 재점검하고, 그다음 간단한 확인학습을 통해 공부한 내용을 체크할 수 있도록 하였습니다. 또한 매 과가 끝날 때 연습문제를 통해 다시 한번 실력을 점검할 수 있도록 하였습니다. 확인학습과 연습문제 역시 최대한 대화체 안에서 풀어볼 수 있도록 재미있게 구성하였습니다. 또한 13개 챕터에서 설명하지 않은 6개의 주요 문법 현상은 부록에 수록하였습니다. 부록은 한 번에 정리하여 익히면 좋을 내용들입니다.

문법 공부는 늘 어렵고 딱딱하다고 여겨지곤 합니다. 그러나 실생활에서 사용되는 표현 위주로 공부한다면 쉽고 재미있는 문법 학습이 가능할 것입니다. 중국어는 한국어, 영어와는 또 다른 문법 원리가 작동하는 언어입니다. 여러분이 이 책을 공부한다면 단순한 암기가 아니라 중국어의 문법 체계가 '왜 그러한지'에 대해 이해하게 되실 겁니다. 이 책은 집필진이 각자 대학에서 중국어 문법 수업을 하면서 학생들에게 받았던 질문과 고민했던 내용을 책으로 녹여내어 보자는 의욕에서 시작되었고, 오랜 시간 동안 공을 들여 집필하였습니다. 이 책이 독자 여러분의 중국어 능력 향상에 조금이나마 도움이 되기를 간절히 바랍니다.

마지막으로 교재의 중국어 문장을 감수해 주시고 의견을 주신 彭静, 王贝贝 선생님께 감사드립니다. 그리고 이 책의 기획에 공감해주시고 처음부터 끝까지 꼼꼼히 살펴주신 시사중국어사 편집부에 진심 어린 감사의 마음을 전합니다.

집필진 일동

차 례

Chapter 01 기본 문장 만들기

Chapter 02 과거 표현하기

Chapter 03 부정 표현하기

5

차 례

이 책의 구성

이 책은 초·중급 중국어 학습자를 위한 기초 문법서로 13가지로 분류한 큰 문법 항목 속에 총 55개의 세부 문법 항목과 대표 문장을 제시하여 중국어 문법을 쉽고 흥미롭게, 더욱 효율적으로 학습할 수 있도록 구성하였습니다.

★ 13개의 각 챕터에서는 3~6개의 문법 항목과 대표 문장을 소개합니다.

❯ 주요 문법 설명 & 레벨업

대표 문장을 소개하고, 문법 항목의 개념과 핵심 내용을 짚어줍니다. 레벨업 코너에서는 심화 학습을 제공합니다.

❯ 자주 틀리는 문장 & 확인학습

학습자들이 자주 틀리는 문장과 올바른 문장을 보여주고, 확인 학습 문제를 통해 학습 내용을 정리합니다.

❯ 연습문제

각 챕터를 학습한 후에는 문제를 풀면서 앞에서 학습한 내용을 복습합니다.

★ 부록에서는 본문 학습 내용을 보충하여 상세한 설명이 필요한 6가지 문법 항목을 정리하였습니다.

중국어 문법 노트 55 문장

1. 你很聪明。　너 똑똑해.
2. 明天星期五。　내일은 금요일이야.
3. 我喝美式咖啡。　나는 아메리카노를 마셔.
4. 我是韩国人。　나는 한국인이야.
5. 我有很多中国朋友。　나는 중국인 친구가 많아.
6. 我很喜欢你。　나는 널 좋아해.
7. 昨天我一个人喝酒了。　어제 나 혼자 술 마셨어.
8. 我以前很喜欢他。　나는 예전에 그를 좋아했어.
9. 他小时候很胖。　그 애는 어렸을 때 뚱뚱했어.
10. 我去年很想去法国旅行。
    나는 작년에 프랑스에 여행 가고 싶었지.
11. 我学过汉语，但没去过中国。
    나는 중국어를 배운 적이 있지만 중국에 가보지는 않았어.
12. 我今天早上没喝咖啡。
    나는 오늘 아침에 커피를 마시지 않았어.
13. 我以前不喜欢他。　나는 예전에 그를 좋아하지 않았어.
14. 昨天我心情不好。　어제 나는 기분이 안 좋았어.
15. 这是谁的手机?　이건 누구 휴대폰이지?
16. 我姐喜欢看恐怖片。
    우리 언니는 공포 영화 보는 걸 좋아해.
17. 北京、上海和广州我都去过。
    베이징, 상하이 그리고 광저우를 나는 다 가 봤어.
18. 我们明天再聊吧。　우리 내일 다시 얘기하자.
19. 我两点睡觉。& 我睡了两个小时。
    나는 2시에 잠을 자. & 나는 두 시간 잤어.
20. 他个子很高。　그는 키가 커.
21. 我去书店买书。　나는 서점에 가서 책을 사.
22. 我要送她一本书。　나는 그녀에게 책 한 권을 줄 거야.
23. 书在桌子上。　책은 책상 위에 있어.
24. 他昨天从北京回来了。
    그는 어제 베이징에서 돌아왔어.
25. 你在找我吗?　너 날 찾고 있니?
26. 你别躺着，快起来吧。　누워있지 말고 어서 일어나.
27. 他笑着说，"我们一起走吧。"
    그는 웃으며 말했다. "우리 함께 가자."
28. 他们以前见过面。　그들은 예전에 만난 적이 있어.
29. 我请你喝咖啡。　내가 너에게 커피를 살게.
30. 我们班来了一个新同学。
    우리 반에 새 친구가 한 명 왔어.
31. 我刚刚说到哪儿了?　내가 어디까지 말했더라?
32. 我去过中国一次。　나는 중국에 한 번 가 봤어.
33. 我买到了特价机票。　나는 특가 비행기표를 샀어.
34. 外面很冷，咱们快进去吧。
    바깥은 추워. 우리 어서 들어가자.
35. 这是我从中国带过来的特产，大家尝尝吧。
    이건 내가 중국에서 가져온 특산품이야. 다같이 먹어 보자.
36. 我以前看过京剧，但我听不懂。
    예전에 경극을 본 적 있지만 못 알아들어.
37. 一点儿都看不出来。　조금도 티 안 나.
38. 我每天差不多十一点睡。　난 매일 11시쯤 자.
39. 你气死我了。　너 때문에 화가 나 죽겠어.
40. 时间过得真快。　시간이 참 빠르게 흘러.
41. 他说汉语说得很流利。　그는 중국어를 유창하게 말해.
42. 他比我高。　그는 나보다 (키가) 커.
43. 我比妹妹大两岁。　나는 여동생보다 두 살 많아.
44. 你比我考得好。　너는 나보다 시험을 잘 봤어.
45. 我的衣服跟她的一样。　내 옷은 그녀 옷과 똑같아.
46. 我女朋友有明星那么漂亮。
    내 여자 친구는 연예인만큼 예뻐.
47. 我把那本书看完了。　나는 그 책을 다 봤어.
48. 我把酒喝了。　나는 술을 마셔버렸어.
49. 我可以把行李寄存在这儿吗?
    짐을 여기에 맡겨도 될까요?
50. 我被老师批评了。　나는 선생님한테 혼났어.
51. 杯子打碎了。　컵이 깨졌어.
52. 昨天来了一个人。　어제 어떤 사람이 왔어.
53. 苹果我喜欢吃。　사과는 내가 좋아해.
54. 从八点看书看到晚上十点。
    8시부터 밤 10시까지 책을 읽었어.
55. 1990年代出生的一代中国年轻人被称为90后。
    1990년대 출생한 중국 청년 세대를 '지우링허우'라고 해.

01

기본 문장 만들기

你很聪明。 [주어+형용사술어]

你很聪明。 넌 똑똑해.
Nǐ hěn cōngmíng.

▸ 형용사 聪明이
술어로 쓰였다.

---

1. **형용사술어문:** 중국어의 기본 어순은 [주어+술어]로 구성된다. 주어를 묘사하거나 설명할 때 형용사기 술어로 쓰일 수 있는데, 이러한 문장을 '형용사술어문'이라고 한다.

① 형용사 앞에는 주로 부사 很을 쓴다.

小李	很 可爱。 샤오리는 귀여워.
주어	술어

- 你很瘦。 너는 말랐어.
  Nǐ hěn shòu.

- 我弟弟很高。 내 남동생은 키가 커.
  Wǒ dìdi hěn gāo.

- 小张很亲切。 샤오장은 친절해.
  Xiǎo Zhāng hěn qīnqiè.

LEVEL UP

很 외에도 **非常, 相当, 太, 挺** 등의 정도부사가 형용사 앞에 올 수 있다. 太를 쓰면 일반적으로 문장 끝에 了를 함께 쓰고, 挺을 사용하면 문장 끝에 的가 온다.

- 这里的风景非常美丽。 이곳의 풍경은 매우 아름다워.
  Zhèli de fēngjǐng fēicháng měilì.

- 这种办法太好了。 이런 방법은 너무 좋아.
  Zhè zhǒng bànfǎ tài hǎo le.

- 这种表情包挺可爱的。 이런 이모티콘은 꽤 귀엽네.
  Zhè zhǒng biǎoqíngbāo tǐng kě'ài de.

聪明 cōngmíng 똑똑하다 | 瘦 shòu 마르다, 여위다 | 亲切 qīnqiè 친절하다 | 风景 fēngjǐng 풍경 | 办法 bànfǎ
방법, 수단 | 表情包 biǎoqíngbāo 이모티콘, 짤방 | 挺 tǐng 상당히, 꽤

② 만일 형용사 앞에 정도부사를 쓰지 않으면 비교나 대조의 의미를 나타낸다.

- 他高，我矮。 그는 크고, 나는 작아.
  Tā gāo, wǒ ǎi.

- 老大老实，老二调皮。 첫째는 얌전하고, 둘째는 장난꾸러기야.
  Lǎodà lǎoshi, lǎo'èr tiáopí.

- 这个东西贵，那个东西便宜。 이건 비싸고, 저건 싸.
  Zhège dōngxi guì, nàge dōngxi piányi.

2. **형용사술어문의 부정형:** 형용사술어를 부정할 때는 형용사 앞에 不를 사용한다.

> 我　不　高兴。 난 기분이 안 좋아.

- 我不累。 나는 안 피곤해.
  Wǒ bú lèi.

- 今天不热。 오늘은 안 더워.
  Jīntiān bú rè.

- 英语难，汉语不难。 영어는 어렵고, 중국어는 어렵지 않아.
  Yīngyǔ nán, Hànyǔ bù nán.

3. **형용사술어문의 의문형:** 형용사술어문을 의문문으로 만들 때에는 문장 끝에 吗를 쓰거나 형용사의 긍정형과 부정형을 배열한다.

① 문장 끝에 吗를 붙인다.

> 今天　冷　吗? 오늘 추워?

- 你累吗? 너 피곤하니?
  Nǐ lèi ma?

- 这个东西便宜吗? 이 물건 싸니?
  Zhège dōngxi piányi ma?

- 汉语难吗? 중국어 어렵니?
  Hànyǔ nán ma?

矮 ǎi 키가 작다 | 老大 lǎodà (형제나 자매의) 맏이 | 老实 lǎoshi 성실하다. 얌전하다 | 老二 lǎo'èr (형제나 자매의)
둘째 | 调皮 tiáopí 장난꾸러기이다. 장난이 심하다. 까불다

② 형용사의 긍정형과 부정형을 병렬한다. 이때 문장 끝에 吗를 붙이지 않는다.

> **今天　冷 不 冷?**　오늘 추워 안 추워?

- **你累不累?**　너 피곤하니 안 피곤하니?
  Nǐ lèi bu lèi?

- **这个东西便宜不便宜?**　이 물건은 싸니 안 싸니?
  Zhège dōngxi piányi bu piányi?

- **汉语难不难?**　중국어 어렵니 안 어렵니?
  Hànyǔ nán bu nán?

자주 틀리는 문장

- 我哥哥高。(✗) → 我哥哥很高。(○)
- 他可爱不可爱吗? (✗) → 他可爱不可爱? / 他可爱吗? (○)

확인학습

1. 다음 문장을 중국어로 말해 보세요.

  ① 내 여동생은 말랐어.
  ② 내 남동생은 장난이 너무 심해.
  ③ 여기 풍경은 매우 아름다워.
  ④ 오늘 꽤 춥네.

 정답

1. ① 我妹妹很瘦。　② 我弟弟太调皮了。　③ 这里的风景非常美丽。　④ 今天挺冷的。

02 명사술어문 익히기

明天星期五。 [주어+명사술어]

明天星期五。 내일은 금요일이야.
Míngtiān xīngqīwǔ.

▶ 명사인 星期五가
술어로 쓰였다.

1. **명사술어문**: 회화에서 명사(구)가 술어로 쓰이는 경우가 있는데, 이러한 문장을 '명사술어문'
이라고 한다.

明天	星期五。	내일은 금요일이야.
주어	명사술어	

주로 연령, 날짜, 요일, 가격, 명절, 날씨 등을 말할 때 명사술어문을 쓸 수 있다. 이때 주어와
술어 사이에 是를 넣어 말할 수도 있지만, 是를 넣으면 명사가 술어로 쓰인 문장이 아니라 동
사 是가 술어로 쓰인 문장으로 바뀌게 되며 강조의 어감을 띤다.

- 小金21岁。 샤오진은 21살이야.
  Xiǎo Jīn èrshí yī suì.

- 今天三月十二号。 오늘은 3월 12일이야.
  Jīntiān sān yuè shí'èr hào.

- 这本书50元。 이 책은 50위안이야.
  Zhè běn shū wǔshí yuán.

- 下星期五光棍节。 다음 주 금요일은 싱글데이야.
  Xià xīngqīwǔ Guānggùnjié.

- 今天阴天。 오늘은 흐린 날씨야.
  Jīntiān yīntiān.

光棍节 Guānggùnjié 싱글데이, 독신자의 날 [숫자 1이 홀로 있는 싱글의 모습과 비슷하다고 하여 1이 네 번 겹치는 11월 11일을
'싱글데이'라고 한다. 光棍은 중국어로 홀아비나 독신 남성을 가리킨다. 싱글들을 겨냥하여 미국의 블랙 프라이데이와 같은 대규모
할인 행사를 진행한다.]

2. **명사술어문의 부정형:** 명사술어를 부정할 때는 술어 앞에 不是를 사용하는데, 不가 직접 명사를 수식할 수 없으므로 是 없이 不만 사용할 수 없다. 이때 명사술어 앞에 是를 사용하므로 부정문은 동사가 술어로 쓰인 문장이 된다.

> 明天　不　是　星期五。 내일은 금요일이 아니야.

- 这件衣服不是100元。　이 옷은 100위안이 아니야.
  Zhè jiàn yīfu bú shì yìbǎi yuán.

- 今天不是情人节。　오늘은 밸런타인데이가 아니야.
  Jīntiān bú shì Qíngrénjié.

- 今天不是二号，是三号。　오늘은 2일이 아니라 3일이야.
  Jīntiān bú shì èr hào, shì sān hào.

자주 틀리는 문장

- 今天不光棍节。(✗) → 今天不是光棍节。(○)

확인학습

1. 다음 대화에서 한국어 문장을 중국어로 말해 보세요.

A: 明天几月几号?
B: _____ (내일은 2월 23일이야.)
A: 明天又星期一了。
B: _____ (내일은 월요일이 아니야,)
　是星期天!

정답

1. B: 明天二月二十三号。　B: 明天不是星期一,

情人节 Qíngrénjié 밸런타인데이 ┃ 又 yòu 또, 다시

03 동사술어문 익히기
我喝美式咖啡。 [주어+동사술어(+목적어)]

我喝美式咖啡。 나는 아메리카노를 마셔.
Wǒ hē měishì kāfēi.

▶ 喝가 술어로,
美式咖啡가
목적어로 쓰였다.

1. **동사술어문:** 주어의 동작을 나타낼 때 동사가 술어로 쓰일 수 있으며, 이런 문장을 '동사술어문'이라고 한다.

我	学习。	나는 공부해.
주어	술어	

- 爸爸睡觉。 아빠는 주무셔.
  Bàba shuìjiào.
- 小王工作。 샤오왕은 일해.
  Xiǎo Wáng gōngzuò.
- 他今天休息。 그는 오늘 쉬어.
  Tā jīntiān xiūxi.

우리말은 목적어가 술어 앞에 오지만 중국어는 술어 뒤에 목적어가 온다.

我	喝	咖啡。	나는 커피를 마셔.
주어	술어	목적어	

- 我去美国。 나는 미국에 가.
  Wǒ qù Měiguó.
- 小李吃苹果。 샤오리는 사과를 먹어.
  Xiǎo Lǐ chī píngguǒ.
- 我玩网络游戏。 나는 온라인 게임을 해.
  Wǒ wán wǎngluò yóuxì.

美式咖啡 měishì kāfēi 아메리카노 [줄여서 美式라고만 말하기도 한다.] ┃ 休息 xiūxi 휴식하다, 쉬다 ┃ 玩 wán 놀다. (게임, 놀이 등을) 하다 ┃ 网络 wǎngluò 온라인, 인터넷 ┃ 游戏 yóuxì 게임

2. 동사술어문의 부정형: 동사 앞에 不나 没를 쓴다.

❶ 不는 현재나 미래 부정, 또는 의지를 나타낸다.

> 我　不　喝　咖啡。 나는 커피를 마시지 않아.

- 我不喝酒。 나는 술을 마시지 않아.
  Wǒ bù hē jiǔ.
- 小李不吃苹果。 샤오리는 사과를 먹지 않아.
  Xiǎo Lǐ bù chī píngguǒ.
- 我不玩网络游戏。 나는 온라인 게임을 하지 않아.
  Wǒ bù wán wǎngluò yóuxì.

❷ 没는 과거 부정을 나타낸다.

> 我　没　喝　咖啡。 나는 커피를 마시지 않았어.

- 我没喝酒。 나는 술을 마시지 않았어.
  Wǒ méi hē jiǔ.
- 小李没吃苹果。 샤오리는 사과를 먹지 않았어.
  Xiǎo Lǐ méi chī píngguǒ.
- 我没玩网络游戏。 나는 온라인 게임을 하지 않았어.
  Wǒ méi wán wǎngluò yóuxì.

3. 동사술어문의 의문형: 동사가 술어로 사용될 때 의문문을 만드는 방법에는 여러 가지가 있다. 문장의 끝에 吗를 붙이는 방법, 동사의 긍정형과 부정형을 병렬하는 방법, 의문대명사를 사용하는 방법 등이 있다.

❶ 문장 끝에 吗를 붙인다.

> 你　喝　咖啡　吗? 너 커피 마셔?

- 你去中国吗? 너는 중국에 가니?
  Nǐ qù Zhōngguó ma?

- 你们玩游戏吗? 너희들은 게임하니?
  Nǐmen wán yóuxì ma?

- 他喜欢喝啤酒吗? 그는 맥주 마시는 거 좋아해?
  Tā xǐhuan hē píjiǔ ma?

② 동사의 긍정형과 부정형을 병렬한다. 이때 문장 끝에 吗를 붙이지 않는다.

你 喝 不 喝 咖啡? 너 커피 마시니 안 마시니?

- 你去不去中国? 너 중국에 가니 안 가니?
  Nǐ qù bu qù Zhōngguó?

- 你们玩不玩游戏? 너희들 게임할 거니 안 할 거니?
  Nǐmen wán bu wán yóuxì?

- 他喜欢不喜欢喝啤酒? 그는 맥주 마시는 거 좋아해 안 좋아해?
  Tā xǐhuan bu xǐhuan hē píjiǔ?

③ 질문하고자 하는 대상의 자리에 의문대명사를 넣는다.

你 喝 <u>什么</u>? 너 뭐 마실래?
　　　의문대명사

- 谁是你的女朋友? 누가 네 여자 친구니?
  Shéi shì nǐ de nǚ péngyou?

- 你什么时候放假? 넌 언제 방학해?
  Nǐ shénme shíhou fàngjià?

- 你去哪儿? 너 어디 가니?
  Nǐ qù nǎr?

- 你怎么来的? 너 어떻게 왔니?
  Nǐ zěnme lái de?

- 你为什么喜欢我? 너는 왜 날 좋아해?
  Nǐ wèishénme xǐhuan wǒ?

- 你买几本书? 넌 책 몇 권 사니?
  Nǐ mǎi jǐ běn shū?

放假 fàngjià 쉬다, 방학하다

- 你喝不喝咖啡吗? (✕) → 你喝咖啡吗? / 你喝不喝咖啡? (○)

- 你喝什么吗? (✕) → 你喝什么? (○)

확인학습

1. 다음 대화에서 한국어 문장을 중국어로 말해 보세요.

A: 你们喝什么?

B: 我喝美式咖啡。

C: ＿＿＿＿＿ ＿＿＿＿＿ (난 카페라테 미실래.) 你呢?

A: 我不喝咖啡，喝绿茶。

1. C: 我喝拿铁。

拿铁 nátiě 카페라테 | 绿茶 lǜchá 녹차

04 동사 是의 의미와 특징 익히기
我是韩国人。 [주어+是+목적어]

我是韩国人。 나는 한국인이야.
Wǒ shì Hánguó rén.

▶ 동사 是가 술어로 쓰였다.

1. **동사 是가 술어일 때:** 是는 구체적인 동작을 나타내는 것이 아니라 주어와 목적어를 연결해 주는 기능을 하며, 전체 문장은 '~은(는) ~이다'라는 뜻을 나타낸다.

❶ 주어에 사람이나 사물이 올 때 是는 주어가 무엇인지 판단하거나 설명하는 역할을 한다.

　　我　　是　　汉语老师。　나는 중국어 선생님이야.
　사람 주어　　　　목적어

- 他哥哥是律师。　그의 형은 변호사야.
　Tā gēge shì lǜshī.

- 小张是我的初恋。　샤오장은 내 첫사랑이야.
　Xiǎo Zhāng shì wǒ de chūliàn.

- 我的专业是汉语。　내 전공은 중국어야.
　Wǒ de zhuānyè shì Hànyǔ.

❷ 주어에 장소를 나타내는 단어가 오고 목적어에 사람이나 사물이 올 경우, 是는 어떤 장소에 무엇이 존재하는지를 나타낼 수 있다.

　　楼下　　是　　阅览室。　아래층은 열람실이야.
　장소 주어　　　목적어

- 图书馆的右边是书店。　도서관 오른쪽이 서점이야.
　Túshūguǎn de yòubiān shì shūdiàn.

律师 lǜshī 변호사 ｜ 初恋 chūliàn 첫사랑 ｜ 专业 zhuānyè (대학 등의) 전공, 학과 ｜ 楼下 lóuxià 아래층 ｜
阅览室 yuèlǎnshì 열람실

- 你的旁边是谁? 네 옆은 누구야?
  Nǐ de pángbiān shì shéi?

- 房子前面是一块草地。 집 앞이 잔디밭이야.
  Fángzi qiánmiàn shì yí kuài cǎodì.

2. 술어 是의 부정형: 동사 是는 항상 不로만 부정한다.

> 我 不 是 留学生。 나는 유학생이 아니야.

- 这不是我的。 이건 내 것이 아니야.
  Zhè bú shì wǒ de.

- 小孙不是我的男朋友。 샤오쑨은 내 남자 친구가 아니야.
  Xiǎo Sūn bú shì wǒ de nán péngyou.

- 我不是老师，是学生。 난 선생님이 아니라 학생이야.
  Wǒ bú shì lǎoshī, shì xuésheng.

3. 술어 是의 의문형: 是가 술어로 쓰인 문장을 의문문으로 만드는 방법에는 몇 가지가 있다.

① 문장 끝에 吗를 붙인다.

> 你 是 留学生 吗? 너는 유학생이니?

- 这是你爸爸吗? 이 분이 네 아버지시니?
  Zhè shì nǐ bàba ma?

- 你姐姐是上班族吗? 네 언니는 회사원이니?
  Nǐ jiějie shì shàngbānzú ma?

- 这是你的手机吗? 이건 네 휴대폰이니?
  Zhè shì nǐ de shǒujī ma?

图书馆 túshūguǎn 도서관 | 房子 fángzi 집, 건물 | 前面 qiánmiàn 앞, 앞쪽 | 块 kuài 덩어리, 조각 [덩어리, 조각 등을 세는 단위] | 草地 cǎodì 잔디밭, 풀밭 | 留学生 liúxuéshēng 유학생 | 上班族 shàngbānzú 직장인, 회사원

❷ 술어의 긍정형과 부정형을 병렬하며, 이때 문장 끝에 吗를 붙이지 않는다.

> 你　是　不　是　留学生?　너는 유학생이니 아니니?

- 这是不是你的书?　이건 네 책이니 아니니?
  Zhè shì bu shì nǐ de shū?
- 这是不是小李的雨伞?　이건 샤오리의 우산이니 아니니?
  Zhè shì bu shì Xiǎo Lǐ de yǔsǎn?
- 你朋友是不是中国人?　네 친구는 중국인이니 아니니?
  Nǐ péngyou shì bu shì Zhōngguó rén?

❸ 문장 끝에 不是를 붙인다.

> 你　是　留学生　不　是?　너는 유학생이니 아니니?

- 这是你的书不是?　이건 네 책이니 아니니?
  Zhè shì nǐ de shū bú shì?
- 这是小李的雨伞不是?　이건 샤오리의 우산이니 아니니?
  Zhè shì Xiǎo Lǐ de yǔsǎn bú shì?
- 你朋友是中国人不是?　네 친구는 중국인이니 아니니?
  Nǐ péngyou shì Zhōngguó rén bú shì?

자주 틀리는 문장

- 我没是老师。(✕) → 我不是老师。(○)
- 他是不是中国人吗? (✕)
  → 他是不是中国人? / 他是中国人吗? / 他是中国人不是? (○)

雨伞 yǔsǎn 우산

1. 다음 대화에서 한국어 문장을 중국어로 말해 보세요.

A: _____ (이건 누구의 휴대폰이니?)

B: 好像是小王的。

A: 你怎么知道?

B: 因为他的手机壳很独特。

정답

1. A: 这是谁的手机?

好像 hǎoxiàng 아마도, 마치 ~인 것 같다 ┃ 因为 yīnwèi 왜냐하면 ┃ 手机壳 shǒujīké 휴대폰 케이스 ┃ 独特 dútè 독특하다

05 동사 有의 의미와 특징 익히기

我有很多中国朋友。 [주어+有+목적어]

我有很多中国朋友。
Wǒ yǒu hěn duō Zhōngguó péngyou.
나는 중국인 친구가 많아.

▶ 동사 有가 술어로 쓰였다.

1. 동사 有가 술어일 때: 有는 구체적인 동작이 아니라, 소유나 존재 등의 의미를 나타낸다.

❶ 소유를 나타내는 有: 주어가 사람이나 사물 목적어를 소유한다는 의미를 나타낸다. 이때 목적어는 주로 불특정 대상이고, [수사＋양사＋명사]의 형식을 사용한다.

<u>我</u> 有 <u>一个弟弟</u>。 나는 남동생이 한 명 있어.
주어   목적어

- 她有两台电脑。 그녀는 컴퓨터를 두 대 가지고 있다.
  Tā yǒu liǎng tái diànnǎo.

- 他有很多爱好。 그는 취미가 많다.
  Tā yǒu hěn duō àihào.

LEVEL UP

중국어에서 목적어는 [수사＋양사＋명사]의 형식이 가장 보편적이다. 양사는 사람, 사물, 동작의 수량을 셀 때 사용하는 품사이다. 우리말의 '책 한 권'을 중국어로 '一本书'라고 번역하는데, 우리말 '권'이 중국어 양사 '本'에 해당한다. 우리말은 [명사＋수사＋양사]의 어순이 일반적이고 양사 없이 명사만 쓰는 경우가 많지만, 중국어는 수사가 명사를 수식할 때 반드시 양사가 필요하다. 따라서 양사의 종류가 매우 풍부하고, 동일한 명사라도 상태, 모양, 화자의 의도 등에 따라 다른 양사를 쓴다.

- 一块面包 빵 한 덩어리 / 一片面包 빵 한 쪽 / 一个面包 빵 한 개
- 一个人 사람 한 명 / 一类人 같은 부류의 사람들 / 一群人 한 무리의 사람들

台 tái 대 [기계나 차량 등을 세는 단위] ｜ 爱好 àihào 취미 ｜ 片 piàn 조각 [얇고 작은 사물이나 작게 잘라진 부분을 세는 단위]

② **존재를 나타내는 有**: 어떤 장소나 시점에 대상이 존재한다는 의미도 나타낼 수 있다. 이때 [장소/시간 주어 + 有 + 사람/사물 목적어]의 형식을 많이 취한다. 장소명사가 아닌 일반명사가 장소를 나타내기 위해서는 명사 뒤에 방위를 나타내는 성분인 上, 下, 前, 后, 里, 外 등을 붙여야 한다.

> **教室里　有　十个学生。** 교실에 학생 열 명이 있어.
> 장소 주어　　사람 목적어

- 前边有一个图书馆。　앞에 도서관이 하나 있어.
  Qiánbiān yǒu yí ge túshūguǎn.

- 下午有三堂课。　오후에 강의가 세 시간 있어.
  Xiàwǔ yǒu sān táng kè.

- 冰箱里有一个西瓜。　냉장고에 수박이 하나 있어.
  Bīngxiāng li yǒu yí ge xīguā.

2. 술어 有의 부정형: 동사 有는 항상 没로만 부정하고, 不로는 부정할 수 없다. 부정문에서는 강조하거나 대조하는 경우가 아니라면 보통 명사 목적어 앞에 수량구를 쓰지 않는다.

> **教室里　没　有　学生。** 교실에 학생이 없어.

- 小姜没有姐姐。　샤오장은 누나가 없어.
  Xiǎo Jiāng méi yǒu jiějie.

- 我没有女朋友。　나는 여자 친구가 없어.
  Wǒ méi yǒu nǚ péngyou.

- 前边没有图书馆。　앞쪽에는 도서관이 없어.
  Qiánbiān méi yǒu túshūguǎn.

堂 táng 시간 [학교의 수업 시간을 세는 단위] ｜ 冰箱 bīngxiāng 냉장고 ｜ 西瓜 xīguā 수박

3. **술어 有의 의문형:** 의문문으로 만드는 방법에는 몇 가지가 있다.

① 문장 끝에 吗를 붙인다.

> **教室里　有　学生　吗?** 교실에 학생이 있니?

- 桌子上有书吗?　책상 위에 책이 있니?
  Zhuōzi shang yǒu shū ma?
- 小金有男朋友吗?　샤오진은 남자 친구가 있니?
  Xiǎo Jīn yǒu nán péngyou ma?
- 明天有课吗?　내일 수업이 있니?
  Míngtiān yǒu kè ma?

② 술어의 긍정형과 부정형을 병렬하며, 이때 문장 끝에 吗를 붙이지 않는다.

> **教室里　有　没　有　学生?** 교실에 학생이 있니 없니?

- 桌子上有没有书?　책상 위에 책이 있니 없니?
  Zhuōzi shang yǒu méi yǒu shū?
- 小金有没有男朋友?　샤오진은 남자 친구가 있니 없니?
  Xiǎo Jīn yǒu méi yǒu nán péngyou?
- 明天有没有课?　내일 수업이 있니 없니?
  Míngtiān yǒu méi yǒu kè?

③ 문장 끝에 没有를 붙인다.

> **教室里　有　学生　没　有?** 교실에 학생이 있니 없니?

- 桌子上有书没有?　책상 위에 책이 있니 없니?
  Zhuōzi shang yǒu shū méi yǒu?
- 小金有男朋友没有?　샤오진은 남자 친구가 있니 없니?
  Xiǎo Jīn yǒu nán péngyou méi yǒu?
- 明天有课没有?　내일 수업이 있니 없니?
  Míngtiān yǒu kè méi yǒu?

확인학습

1. 다음 대화에서 한국어 문장을 중국어로 말해 보세요.

A: _____ (너 내일 오후에 수업 있어?)

B: 没有。

A: 咱们一起去看电影，好吗?

B: 对不起，我明天有约。

정답

1. A: 你明天下午有课吗?

咱们 zánmen (청자를 포함한) 우리　|　约 yuē 약속, 약속하다

06 심리동사의 특징 익히기

我很喜欢你。 [주어+很+심리동사+목적어]

我很喜欢你。 나는 널 많이 좋아해.
Wǒ hěn xǐhuan nǐ.

▶ 심리동사 喜欢이
술어로 쓰였다.

1. **심리동사:** 동사 가운데 심리나 지각활동을 나타내는 심리동사는 동사와 형용사의 특징을 모두 가지고 있다.

ex 喜欢 좋아하다, 爱 사랑하다, 讨厌 싫어하다, 恨 미워하다, 想 그리워하다, 希望 바라다, 희망하다

2. **심리동사의 형용사적 특징:** 형용사처럼 很, 非常, 特别 등 부사의 수식을 받을 수 있고, 没가 아닌 不를 사용하여 부정한다.

我　很　喜欢　看电影。 난 영화 보는 걸 무척 좋아해.

- 我很想家。 나는 집 생각이 많이 나.
  Wǒ hěn xiǎng jiā.
- 我特别喜欢旅行。 나는 여행하는 걸 특히 좋아해.
  Wǒ tèbié xǐhuan lǚxíng.
- 小李非常希望当外交官。 샤오리는 외교관이 무척 되고 싶어 해.
  Xiǎo Lǐ fēicháng xīwàng dāng wàijiāoguān.

我　不　喜欢　看电影。 난 영화 보는 걸 안 좋아해.

- 我不讨厌你。 나는 너를 싫어하지 않아.
  Wǒ bù tǎoyàn nǐ.
- 我不恨他。 나는 걔를 미워하지 않아.
  Wǒ bú hèn tā.
- 他不爱照相。 그는 사진 찍는 걸 좋아하지 않아.
  Tā bú ài zhàoxiàng.

讨厌 tǎoyàn 싫어하다 ｜ 恨 hèn 미워하다 ｜ 旅行 lǚxíng 여행하다 ｜ 当 dāng ～이 되다, 담당하다 ｜
外交官 wàijiāoguān 외교관 ｜ 照相 zhàoxiàng 사진, 사진을 찍다

3. **심리동사의 동사적 특징:** 심리동사 뒤에는 목적어가 올 수 있으며, 목적어에는 명사(구)뿐 아니라 동사(구)도 올 수 있다.

> 我　希望　当翻译。 난 통역사가 되고 싶어.
> 　　　　　동사구

- 我喜欢你。 나는 네가 좋아.
  Wǒ xǐhuan nǐ.

- 我妹妹爱吃甜点。 내 여동생은 단 걸 좋아해.
  Wǒ mèimei ài chī tiándiǎn.

- 我讨厌洗碗。 나는 설거지를 싫어해.
  Wǒ tǎoyàn xǐwǎn.

LEVEL UP

중국어는 형태 변화가 거의 없는 언어로 동사(구)나 형용사(구)도 형태 변화 없이 주어나 목적어 자리에 올 수 있다.

- 当老师很累。 선생님이 되면 힘들어.
  주어

- 我希望当老师。 나는 선생님이 되고 싶어.
  　　　　목적어

- 穿紧身牛仔裤对身体不好。 스키니진을 입으면 건강에 좋지 않아.
  　　주어

- 她喜欢穿紧身牛仔裤。 그녀는 스키니진 입는 걸 좋아해.
  　　　　목적어

위 예문에서 술목구조로 이루어진 동사구 当老师와 穿紧身牛仔裤는 형태 변화 없이 각각 주어와 목적어로 사용되었다.

翻译 fānyì 통역사, 번역사, 통역하다, 번역하다 | 甜点 tiándiǎn 단 음식, 디저트 | 洗碗 xǐwǎn 설거지하다 |
紧身牛仔裤 jǐnshēn niúzǎikù 스키니진 | 对 duì ~에 대하여

▪ 我没喜欢旅行。(✗) → 我不喜欢旅行。(O)

확인학습

1. 다음 문장을 중국어로 말해 보세요.

　① 그는 변호사가 되고 싶어 한다.

　② 나는 네가 많이 보고 싶다.

　③ 그는 맨투맨 티셔츠 입는 걸 싫어한다.

　④ 나는 웹소설 읽는 걸 좋아한다.

 정답

1. ① 他想当律师。　② 我很想你。　③ 他不喜欢穿卫衣。　④ 我喜欢看网络小说。

卫衣 wèiyī 맨투맨 티셔츠 ｜ 网络小说 wǎngluò xiǎoshuō 웹소설, 인터넷 소설

Chapter 01

연습문제

1 그림을 보며 중국어로 대답해 보세요.

①

Q 这只小狗可爱吗?

②

Q 这里的风景美丽吗?

③

Q 情人节星期几?

④

Q 他买什么?

2 다음 문장을 명사술어문, 형용사술어문, 동사술어문으로 구분해 보세요.

① 他有很多中国朋友。

② 我去超市。

③ 今天星期五。

④ 我不是北京人。

⑤ 地铁很方便。

超市 chāoshì 슈퍼마켓, 마트 | **地铁** dìtiě 지하철 | **方便** fāngbiàn 편리하다

3 다음 문장에서 틀린 부분을 바르게 고치세요.

① 你去不去中国吗?

② 今天不星期二。

③ 这个孩子可爱。

④ 我没是学生。

⑤ 他不有女朋友。

4 다음 문장을 중국어로 번역하세요.

① 저는 여동생이 없어요.

② 너는 무엇을 마시니?

③ 너는 누구를 좋아하니?

④ 오늘은 10일이 아니라 11일이야.

⑤ 오늘은 무슨 요일이에요?

Chapter

02
과거 표현하기

07 동작동사의 과거 표현 익히기
昨天我一个人喝酒了。

昨天我一个人喝酒了。
Zuótiān wǒ yí ge rén hē jiǔ le.
어제 나 혼자 술 마셨어.

▶ 喝는 동작동사이며,
과거 표현은 了를 붙인다.

중국어의 과거 표현은 술어의 종류에 따라 다르게 표현한다. 단문에서 술어가 동사일 경우, 동작동사와 비동작동사의 과거 표현 방법은 다르다.

동작동사	동작성(움직임)을 가지고 있는 동사 **ex** 吃 먹다, 睡觉 자다, 玩 놀다, 学习 공부하다, 用 사용하다, 喝 마시다, 看 보다
비동작 동사	움직임이 없고, 상태를 나타내는 동사 **ex** 在 있다, 是 ~이다, 像 닮다, 喜欢 좋아하다, 爱 사랑하다, 相信 믿다, 希望 희망하다, 感觉 느끼다, 觉得 생각하다, 想 생각하다, 认为 ~라고 여기다, 以为 ~인 줄 알았다

1. 동작동사의 과거형: 술어가 동작동사일 때, 문장 끝이나 동사 뒤에 了를 붙여 과거를 표현한다. 과거를 나타내는 시간사가 있어도 了를 써야 한다. 부록 3, 4 참조

- 昨天我去买衣服了。 어제 나는 옷을 샀어.
  Zuótiān wǒ qù mǎi yīfu le.

- 去年他去上海了。 작년에 그는 상하이에 갔어.
  Qùnián tā qù Shànghǎi le.

2. 了의 위치(1): 了는 일반적으로 문장 끝에 온다. 동사 뒤에 올 경우에는 문장이 아직 끝나지 않았다는 어감을 준다.

- 我买书了。 나는 책을 샀다.
  Wǒ mǎi shū le.

- 我买了书, …… 나는 책을 샀는데, ……
  Wǒ mǎi le shū, ……

一个人 yí ge rén 혼자

- 我写报告了。　나는 리포트를 썼다.
  Wǒ xiě bàogào le.

- 我写了报告，……　나는 리포트를 썼는데, ……
  Wǒ xiě le bàogào, ……

3. 了의 위치(2): 了가 문장 끝이 아닌 동사 뒤에 오는 경우도 있다.

1 목적어가 수량 혹은 시량구조일 때: 了는 동사 뒤에 온다.

- 我看了两本书。　나는 책을 두 권 봤어.
  Wǒ kàn le liǎng běn shū.

- 我看了两个小时。　나는 두 시간 (동안) 봤어.
  Wǒ kàn le liǎng ge xiǎoshí.

- 我吃了一碗饭。　나는 밥을 한 공기 먹었어.
  Wǒ chī le yì wǎn fàn.

- 我吃了两个小时。　나는 두 시간 (동안) 먹었어.
  Wǒ chī le liǎng ge xiǎoshí.

2 목적어에 的 수식구조가 있을 때: 了는 동사 뒤에 온다. 목적어에 的는 없지만 두 단어의
결합일 때, 了는 문장 끝이나 동사 뒤에 온다.

- 我喝了昨天买的牛奶。　나는 어제 산 우유를 마셨다.
  Wǒ hē le zuótiān mǎi de niúnǎi.

- 我买了黑色的帽子。　나는 검은색 모자를 샀다.
  Wǒ mǎi le hēisè de màozi.

- 我吃了红豆面包。 / 我吃红豆面包了。　나는 단팥빵을 먹었다.
  Wǒ chī le hóngdòu miànbāo. / Wǒ chī hóngdòu miànbāo le.

3 여러 개의 목적어가 나열될 때: 了는 동사 뒤에 온다.

- 我选了三门必修课和两门选修课。　나는 필수 세 과목과 선택 두 과목을 신청했다.
  Wǒ xuǎn le sān mén bìxiū kè hé liǎng mén xuǎnxiū kè.

- 我在中国的时候，去了北京、上海和天津。
  Wǒ zài Zhōngguó de shíhou, qù le Běijīng、Shànghǎi hé Tiānjīn.
  나는 중국에 있을 때, 베이징, 상하이, 텐진에 갔다.

报告 bàogào 리포트, 보고서 | 红豆 hóngdòu 팥 | 选 xuǎn 선택하다 | 门 mén 과목, 가지 [과목이나 기술 등을 세는
단위] | 必修课 bìxiū kè 필수 과목 | 选修课 xuǎnxiū kè 선택 과목

4. **了가 쓰이지 않을 때:** 동작동사라 하더라도 습관적이거나 규칙적으로 자주 일어나는 일에 대해서는 了를 붙이지 않는다. 이때 每, 经常, 常常, 总是 등 빈도를 나타내는 단어들이 함께 쓰이며, 시간사로 과거를 표현한다.

- 上个学期我总是迟到。 지난 학기에 나는 늘 지각했다.
  Shàng ge xuéqī wǒ zǒngshì chídào.

- 去年我每个星期天都去家附近的图书馆学习。
  Qùnián wǒ měi ge xīngqītiān dōu qù jiā fùjìn de túshūguǎn xuéxí.
  작년에 나는 일요일마다 집 근처 도서관에 가서 공부했다.

- 我在北京的时候，经常感冒。
  Wǒ zài Běijīng de shíhou, jīngcháng gǎnmào.
  내가 베이징에 있을 때 자주 감기에 걸렸다.

자주 틀리는 문장

- 昨天我看书。(✗) → 昨天我看书了。(〇)

- 我喝一瓶啤酒了。(✗) → 我喝了一瓶啤酒。(〇)

- 我去年经常看中国电影了。(✗) → 我去年经常看中国电影。(〇)

확인학습

1. 다음 문장에서 틀린 곳을 찾아 바르게 고치세요.

   ① 去年我在中国了。 작년에 나는 중국에 있었다.
   ② 我买啤酒、牛奶、雪碧了。 나는 맥주, 우유, 스프라이트를 샀다.
   ③ 我吃了饭。 나는 밥을 먹었다.

2. 다음 문장을 중국어로 말해 보세요.

   ① 나는 두 시간 동안 기다렸다.
   ② 나는 중문과를 지원했다.
   ③ 나는 고3 때 매주 일요일마다 도서관에 갔다.

 정답

1. ① 去年我在中国。   ② 我买了啤酒、牛奶和雪碧。   ③ 我吃饭了。
2. ① 我等了两个小时。   ② 我报了中文系。/ 我报中文系了。   ③ 我高三的时候，每个星期天去图书馆。

学期 xuéqī 학기 ┃ 总是 zǒngshì 늘, 언제나 ┃ 迟到 chídào 지각하다 ┃ 附近 fùjìn 근처 ┃ 经常 jīngcháng 늘, 항상 ┃
瓶 píng 병 ┃ 雪碧 xuěbì 사이다, 스프라이트 ┃ 报 bào 지원하다

08 비동작동사의 과거 표현 익히기
我以前很喜欢他。

我以前很喜欢他。
Wǒ yǐqián hěn xǐhuan tā.
난 예전에 그 사람을 좋아했지.

▶ 喜欢과 같은 비동작동사는
과거 표현으로 了를 쓰지 않고,
시간사를 붙인다.

중국어 단문에서 동사의 과거시제 표현은 동작동사일 경우, 了를 붙여서 나타낸다. 이번에는 비동작동사의 과거시제 표현을 살펴보자.

1. **비동작동사의 과거형:** 술어가 동작동사가 아니라면 과거를 나타내는 시간사로 과거시제를 표현한다. 비동작성 술어에는 비동작동사, 형용사, 조동사가 있다. 화자나 청자가 이미 과거임을 알고 있는 맥락에서는 문장마다 시간사를 붙이지 않아도 된다. 단, 절대 了를 붙여서 과거를 만들지 않는다.

- A: 你以前喜欢他吗?
  Nǐ yǐqián xǐhuan tā ma?
  너 예전에 그 사람 좋아했니?

  B: 我很喜欢他。 [시간사 생략]
  Wǒ hěn xǐhuan tā.
  난 그 사람을 좋아했어.

- 去年我是高中生。　작년에 나는 고등학생이었다.
  Qùnián wǒ shì gāozhōngshēng.

- 我小时候跟妈妈很像。　나는 어렸을 때 엄마를 닮았었다.
  Wǒ xiǎoshíhou gēn māma hěn xiàng.

- 我以前觉得他很固执。　나는 예전에 그가 고집스럽다고 느꼈다.
  Wǒ yǐqián juéde tā hěn gùzhi.

以前 yǐqián 이전, 예전 ｜ 高中生 gāozhōngshēng 고등학생 ｜ 小时候 xiǎoshíhou 어릴 때, 유년기 ｜ 固执 gùzhi 고집스럽다

LEVEL UP

비동작동사에 了가 붙으면 과거가 아닌 변화를 나타낸다. 주로 现在와 함께 쓴다.

- 我以前有男朋友，现在没有。 **[과거]**
  Wǒ yǐqián yǒu nán péngyou, xiànzài méi yǒu.
  나는 예전에 남자 친구가 있었지만, 지금은 없어.

- 我有了新的男朋友。 **[변화]**
  Wǒ yǒu le xīn de nán péngyou.
  나는 새 남자 친구가 생겼어.

- 我以前很喜欢他。 **[과거]**
  Wǒ yǐqián hěn xǐhuan tā.
  나는 예전에 그를 좋아했어.

- 我以前不喜欢他，但现在喜欢他了。 **[변화]**
  Wǒ yǐqián bù xǐhuan tā, dàn xiànzài xǐhuan tā le.
  나는 예전에 그를 좋아하지 않았지만, 지금은 좋아하게 되었어.

자주 틀리는 문장

- 我以前很喜欢他了。(✕) → 我以前很喜欢他。(〇)
- 昨天我在家了。(✕) → 昨天我在家。(〇)

확인학습

1. 다음 문장에서 틀린 곳을 찾아 바르게 고치세요.

① 昨天是圣诞节了。 어제는 크리스마스였다.

② 我小时候和妈妈很像了，但现在像了爸爸。
   나는 어렸을 때 엄마와 닮았지만 지금은 아빠를 닮았다.

2. 다음 문장을 중국어로 말해보세요.

① 나는 작년에 대학생이었다. ② 나는 대학생이 되었다.

③ 어제는 내 생일이었다. ④ 나는 아이폰이 생겼다.

정답

1. ① 昨天是圣诞节。 ② 我小时候和妈妈很像，但现在像爸爸了。
2. ① 去年我是大学生。 ② 我是大学生了。 ③ 昨天是我的生日。 ④ 我有了苹果手机。

圣诞节 Shèngdànjié 크리스마스 | 大学生 dàxuéshēng 대학생 | 苹果手机 Píngguǒ shǒujī 애플 휴대폰, 아이폰

09 형용사의 과거 표현 익히기
他小时候很胖。

他小时候很胖。
Tā xiǎoshíhou hěn pàng.
그 애는 어렸을 때 뚱뚱했어.

▶ 형용사의 과거 표현은
了를 쓰지 않고, 시간사를 붙인다.

---

1. **형용사의 과거형:** 형용사의 과거를 표현할 때에는 시간사를 쓰고, 很, 非常 등과 같은 정도 부사를 사용한다. `Chapter01/01 참조` 비동작동사와 마찬가지로 了를 붙일 수 없고, 과거 맥락에서 이야기할 때에는 시간사를 생략할 수 있다.

① 시간사를 넣어 과거를 나타낸다.

· 我小时候很胖。 나는 어릴 때 뚱뚱했어.
Wǒ xiǎoshíhou hěn pàng.

· 他年轻的时候也很死板。 그는 젊었을 때도 융통성 없이 꽉 막혔었지.
Tā niánqīng de shíhou yě hěn sǐbǎn.

· 他高三的时候很踏实。 그는 고3 때 착실했다.
Tā gāo sān de shíhou hěn tāshi.

② 말하는 내용이 과거의 상황임을 이미 알고 있다면 시간사를 생략할 수 있다.

· A: 你小时候怎么样? 넌 어렸을 때 어땠니?
Nǐ xiǎoshíhou zěnmeyàng?

B: 我(小时候)很聪明。 난 똑똑했지.
Wǒ (xiǎoshíhou) hěn cōngmíng.

A: 还有呢? 또?
Hái yǒu ne?

B: 也很可爱。 귀엽기도 했어.
Yě hěn kě'ài.

年轻 niánqīng (나이가) 젊다 | 死板 sǐbǎn 꽉 막혀 고집스럽다 | 高三 gāo sān 고등학교 3학년 | 踏实 tāshi 착실하다,
성실하다

형용사 뒤에는 了를 붙일 수 있는데, 이때의 了는 과거를 나타내지 않고 변화를 나타낸다. **多了**는 관용적으로 변화의 정도가 크거나 심함을 나타낸다. 부록 3 참조

- A: 你身体好了吗? 너 몸 괜찮아졌어?
  Nǐ shēntǐ hǎo le ma?

  B: 好多了。谢谢。 많이 좋아졌어. 고마워.
  Hǎo duō le. Xièxie.

- 你瘦了。 너 살이 빠졌어.
  Nǐ shòu le.

- 你瘦多了。 너 살이 많이 빠졌네. / 너 많이 말랐어. / 너는 많이 여위었다.
  Nǐ shòu duō le.

자주 틀리는 문장

- 今天很开心了。(✕) → 今天很开心。(〇)
  ❯ '오늘은 즐거웠다'라는 과거시제와 '오늘은 즐겁다'라는 현재시제 모두 今天很开心으로 표현한다.

확인학습

1. 다음 대화에서 한국어 문장을 중국어로 말해 보세요.

   ① A: 你上个学期的成绩怎么样?
   B: _____ (좋았어.)
   A: 有什么秘诀?
   B: 就两个字，努力。

   ② A: 你昨天怎么没来上课?
   B: 我生病了。
   A: 现在怎么样?
   B: _____ (많이 좋아졌어.)

2. 다음 문장을 중국어로 말해 보세요.

   ① 나는 어제 바빴어.   ② 날이 더워졌어.
   ③ 그곳의 경치는 아름다웠어요.   ④ 어제 사온 딸기가 물러졌다.

정답

1. ① B: 很好。 ② B: 好多了。
2. ① 我昨天很忙。 ② 天气热了。 ③ 那里的风景很美。 ④ 昨天买来的草莓烂了。

成绩 chéngjì 성적 │ 秘诀 mìjué 비결 │ 草莓 cǎoméi 딸기 │ 烂 làn 썩다, 무르다

10 我去年很想去法国旅行。

조동사의 과거 표현 익히기

我去年很想去法国旅行。
Wǒ qùnián hěn xiǎng qù Fǎguó lǚxíng.
나는 작년에 프랑스로 여행 가고 싶었어.

▶ 조동사의 과거 표현은 비동작동사,
형용사와 마찬가지로 了를 쓰지 않고,
시간사를 붙인다.

1. **조동사의 과거형:** 동작동사 앞에 조동사가 오면 了를 쓸 수 없다. 시간사를 써서 과거를 나타내고, 과거 맥락에서는 시간사를 생략할 수 있다.

- 我小时候想当魔法师。　나는 어렸을 때 마법사가 되고 싶었어.
  Wǒ xiǎoshíhou xiǎng dāng mófǎshī.

- 昨天我本来要向他表白，但没有勇气。　어제 그에게 고백할 계획이었지만, 용기가 없었어.
  Zuótiān wǒ běnlái yào xiàng tā biǎobái, dàn méi yǒu yǒngqì.

- 我本来想报中文系，但妈妈不同意。
  Wǒ běnlái xiǎng bào Zhōngwén xì, dàn māma bù tóngyì.
  나는 원래 중문과에 지원하고 싶었지만, 엄마가 동의하지 않았어.

자주 틀리는 문장

- 昨天我想吃鸡啤了。(✗) → 昨天我想吃鸡啤。(〇)

확인학습

1. 다음 문장을 중국어로 말해 보세요.

　① 나는 어렸을 때 중국어를 할 줄 알았다.

　② 나는 예전에 프랑스에 가고 싶었다.

　③ 나는 중국어를 할 줄 안다.

정답
1. ① 我小时候会说汉语。　② 以前我想去法国。　③ 我会说汉语。

魔法师 mófǎshī 마법사　｜　本来 běnlái 원래　｜　向……表白 xiàng……biǎobái ～에게 고백하다　｜　勇气 yǒngqì 용기　｜
同意 tóngyì 동의하다　｜　鸡啤 jīpí 치맥 [炸鸡(닭튀김)＋啤酒(맥주)]

11 과거 경험 표현 익히기

我学过汉语，但没去过中国。

我学过汉语，但没没过中国。
Wǒ xué guo Hànyǔ, dàn méi qù guo Zhōngguó.
나는 중국어를 배웠었지만, 중국엔 간 적은 없어.

▶ '~한 적 있다'라는
경험을 나타낼 때에는
동사 뒤에 过를 쓴다.

1. **과거의 경험을 나타내는 过:** '~한 적이 있다'라는 경험을 나타낼 때, 동사 뒤에 过를 붙인다.

- 我玩过这个游戏。 나는 이 게임을 해 본 적이 있어.
  Wǒ wán guo zhège yóuxì.

- 我考过托福。 나는 토플을 본 적이 있어.
  Wǒ kǎo guo Tuōfú.

- 我学过煮咖啡。 나는 커피 내리는 것을 배운 적이 있어.
  Wǒ xué guo zhǔ kāfēi.

2. **过의 부정형:** '~한 적 없다'라는 뜻의 부정 표현은 동사 앞에 没를 쓴다.

- 他从来没参加过。 그는 한번도 참가한 적이 없어.
  Tā cónglái méi cānjiā guo.

- 我没去过中国。 나는 중국에 간 적이 없어.
  Wǒ méi qù guo Zhōngguó.

3. 이합사의 경우 동사성 성분 뒤에 过를 붙인다. Chapter 07/28 참조

- 我上次和他跳过舞。 나는 지난번에 그와 춤을 춘 적이 있어.
  Wǒ shàng cì hé tā tiào guo wǔ.

- 以前停过水，很麻烦。 예전에 단수가 되었는데, 아주 귀찮았어.
  Yǐqián tíng guo shuǐ, hěn máfan.

托福 Tuōfú 토플(TOEFL) | 煮 zhǔ (음식물을) 끓이다, 삶다, (커피를) 내리다 | 从来 cónglái 여태까지, 지금껏 |
参加 cānjiā 참가하다 | 上次 shàng cì 지난번 | 停水 tíngshuǐ 단수하다 | 麻烦 máfan 귀찮다, 성가시다

44

4. 过와 수량사가 있는 문장에서 목적어가 단순명사라면 문장 맨 끝에 오고, 대명사 목적어라면 동사 뒤에 온다. Chapter 07/32 참조

- 我吃过一次印度菜。 나는 인도 요리를 한 번 먹어본 적이 있다.
  Wǒ chī guo yí cì Yìndù cài.

- 我只见过他一面。 나는 그를 한 번 만난 적이 있다.
  Wǒ zhǐ jiàn guo tā yí miàn.

- 我去过那儿两次。 나는 그곳을 두 번 가봤다.
  Wǒ qù guo nàr liǎng cì.

5. 동작동사 뿐 아니라, 형용사나 심리동사 뒤에도 过를 쓸 수 있다.

- 我以前胖过。 나는 예전에 뚱뚱했었어.
  Wǒ yǐqián pàng guo.

- 我曾经喜欢过他。 나는 그를 좋아했었어.
  Wǒ céngjīng xǐhuan guo tā.

자주 틀리는 문장

- 我喝酒过。(✗) → 我喝过酒。(〇)
- 我见过一次他。(✗) → 我见过他一次。(〇)
- 我在这儿游泳过。(✗) → 我在这儿游过泳。(〇)

확인학습

1. 다음 문장을 중국어로 말해 보세요.

   ① 나는 강아지를 키운 적이 있다.
   ② 나는 케이크를 한 번 만들어 본 적이 있다.

정답

1. ① 我养过小狗。　② 我做过一次蛋糕。

印度 Yìndù 인도 ㅣ 只 zhǐ 단지, 오직 ㅣ 曾经 céngjīng 일찍이, 이미, 벌써 ㅣ 养 yǎng 기르다 ㅣ 蛋糕 dàngāo 케이크

연습문제

1 다음 대화를 완성하세요.

① A: 最近看SNS的话，经常会出现以前没见过的新名词。
요즘 SNS를 보면, 예전에 보지 못했던 새로운 명사가 자주 출현해.

B: 就是嘛! _____
그러게 말이야! 너 어떤 단어 봤어?

② A: _____
어제 너 어디 갔었어?

B: 昨天系里有活动，我去参加活动了。
어제 학과 행사가 있어서 행사에 참가하러 갔었어.

③ A: 我最近学中文，_____难吗?
난 요즘 중국어를 배워. 너 중국어 배웠었지? 어려워?

B: 那个时候我觉得很难，所以不到一年就放弃了。
그때는 어렵다고 느꼈어. 그래서 1년도 안 되어서 바로 포기했지.

A: 这么难吗？
그렇게 어려워?

B: 但我朋友说不难，很有意思。
그런데 내 친구는 어렵지 않고, 재미있대.

出现 chūxiàn 출현하다, 나타나다 | 名词 míngcí 명사 | 就是 jiùshì 바로 그렇다 | 活动 huódòng 행사, 활동 |
放弃 fàngqì 포기하다 | 有意思 yǒu yìsi 재미있다

2 다음 문장에서 틀린 부분을 바르게 고치세요.

① 大一的时候，我经常旷课了。

② 昨天我写完报告。

③ 我高中的时候很踏实了。

④ 以前我觉得汉语很难了，但现在觉得还可以。

⑤ 昨天很冷了。

⑥ 我跟他见面过。

⑦ 早上我已经喝咖啡。

⑧ 昨天他来。

⑨ 去年我常常喝拿铁了。

⑩ 我学过汉语一年。

大一 dà yī 대학교 1학년 | 旷课 kuàngkè 무단결석하다, 땡땡이치다

연습문제

3 다음 문장을 중국어로 번역하세요.

① 나는 지난 학기 매주 화요일 아침 9시 수업을 들었다.

② 나는 상한 음식을 먹었어.

③ 나는 우유를 조금 넣었다.

④ 나는 작년에 자주 농구를 했어.

⑤ 나는 어렸을 때 겨울을 좋아했어.

⑥ 나는 작년에 중국에 관심이 있었다.

⑦ 너 그사람 SNS 본 적 있어?

⑧ 이곳은 예전에 담배를 피울 수 있었다.

⑨ 나는 어제 드라이브를 가고 싶었어.

⑩ 나는 예전에 그와 사귀고 싶었어.

放 fàng 넣다, 놓아두다 | 坏 huài 상하다, 썩다 | 打篮球 dǎ lánqiú 농구를 하다 | 对……感兴趣 duì……gǎn xìngqù ~에 관심이 있다 | 抽烟 chōuyān 담배를 피우다 | 兜风 dōufēng 드라이브를 가다 | 跟……交往 gēn……jiāowǎng ~와 사귀다

4 다음 문장을 한국어로 번역하고, 了의 용법을 설명해 보세요.

① 我挣了不少钱。

② 我饿了。

③ 我买了一斤苹果。

④ 我吃了桃、葡萄和西瓜。

⑤ 我最近瘦多了。

⑥ 我去参加MT活动了。

挣 zhèng 일하여 (돈을) 벌다 | 饿 è 배고프다 | 桃 táo 복숭아 | 葡萄 pútao 포도

03
부정 표현하기

12 동작동사의 부정 표현 익히기

我今天早上没喝咖啡。

我今天早上没喝咖啡。
Wǒ jīntiān zǎoshang méi hē kāfēi.
난 오늘 아침에 커피를 마시지 않았어.

▶ 동작동사의 과거 부정에는 没를 쓰고, 현재나 미래 부정에는 不를 쓴다.

我不喝咖啡。
Wǒ bù hē kāfēi.
난 커피를 마시지 않아.

1. **동작동사의 과거 부정:** 시간사가 없더라도 동작동사의 과거 부정은 没를 사용한다. 이때 了는 절대 쓸 수 없다.

- 我没撒谎。　나는 거짓말하지 않았어.
  Wǒ méi sāhuǎng.

- 我昨天没跟他见面。　나는 어제 그를 만나지 않았어.
  Wǒ zuótiān méi gēn tā jiànmiàn.

- 上次我没参加社团活动。　지난번에 나는 동아리에 나가지 않았어.
  Shàng cì wǒ méi cānjiā shètuán huódòng.

LEVEL UP

예외적으로 没와 了가 같이 쓰이는 경우가 있다. 앞에 기간이 나올 경우, 没와 了는 함께 쓰여 '이 기간 동안 ~하지 않았다'라는 의미를 나타낸다.

- 我一年没回老家了。　나는 1년 동안 고향집에 가지 않았어.
  Wǒ yì nián méi huí lǎojiā le.

- 我好久没说汉语了。　나는 오랫동안 중국어를 쓰지 않았어.
  Wǒ hǎo jiǔ méi shuō Hànyǔ le.

- 我一个星期没喝咖啡了。　나는 일주일 동안 커피를 마시지 않았어.
  Wǒ yí ge xīngqī méi hē kāfēi le.

撒谎 sāhuǎng 거짓말하다(=说谎) | 社团 shètuán 동아리 | 老家 lǎojiā 고향집

2. **동작동사의 현재와 미래 부정:** 습관일 경우에도 不를 사용하고, 현재나 미래의 경우에도 不를 사용한다.

1 습관의 부정

- 我不喝咖啡。 나는 커피를 안 마신다.
  Wǒ bù hē kāfēi.

- 我很喜欢喝咖啡，但晚上不喝。 나는 커피를 좋아하지만, 저녁에는 마시지 않는다.
  Wǒ hěn xǐhuan hē kāfēi, dàn wǎnshang bù hē.

2 현재, 미래의 부정

- 我现在不看书。 나는 지금 책 안 봐.
  Wǒ xiànzài bú kàn shū.

- 晚上我不看书，要看电影。 저녁에 나는 책 안 봐, 영화 볼 거야.
  Wǎnshang wǒ bú kàn shū, yào kàn diànyǐng .

- 我今天晚上不出去。 나는 오늘 저녁에 안 나가.
  Wǒ jīntiān wǎnshang bù chūqù.

- 这个周末我不跟他见面。 이번 주말에 난 그 사람 안 만나.
  Zhège zhōumò wǒ bù gēn tā jiànmiàn.

LEVEL UP

동작동사의 과거 부정은 没와 了를 같이 쓸 수 없지만, 미래 부정에서는 不와 了를 같이 쓸 수 있다. 不……了는 '앞으로 ~하지 않겠다'라는 화자의 의지를 나타낸다.

- 我不说了。 나 말 안 할래.
  Wǒ bù shuō le.

- 我不喝酒了。 나는 술을 안 마실 거야.
  Wǒ bù hē jiǔ le.

- 我以后不养小狗了。 난 앞으로 강아지 안 기를 거야.
  Wǒ yǐhòu bù yǎng xiǎo gǒu le.

3. **조동사의 부정:** 동작동사 앞에 조동사가 올 경우, 과거라 하더라도 不로 부정한다.

- 我现在不能上传视频。 나는 지금 동영상을 업로드할 수 없어.
  Wǒ xiànzài bù néng shàngchuán shìpín.

- 我今天早上不想喝咖啡。 나는 오늘 아침에 커피를 마시고 싶지 않았어.
  Wǒ jīntiān zǎoshang bù xiǎng hē kāfēi.

- 那时候我不愿意去中国留学。 그때 나는 중국으로 유학을 가고 싶지 않았어.
  Nà shíhou wǒ bú yuànyì qù Zhōngguó liúxué.

확인학습

1. 다음 문장을 중국어로 말해 보세요.

① 나는 한 달 동안 운동을 하지 않았어.

② 나는 어렸을 때 중국어를 배우고 싶지 않았어.

③ 나는 어제 보고서를 제출하지 않았어.

 정답

1. ① 我一个月没运动了。 ② 我小时候不想学汉语。 ③ 昨天我没提交报告。

上传 shàngchuán 업로드하다, 올리다 | 视频 shìpín 동영상 | 愿意 yuànyì ~하기를 원하다, 바라다 | 留学 liúxué
유학하다 | 提交 tíjiāo 제출하다

13 我以前不喜欢他。

我以前不喜欢他。
Wǒ yǐqián bù xǐhuan tā.
난 예전에 그 사람을 좋아하지 않았어.

▶ 喜欢과 같은 비동작동사는
과거와 현재 모두 不로 부정한다.

我不喜欢他。
Wǒ bù xǐhuan tā.
난 그 사람을 좋아하지 않아.

1. **비동작동사의 부정**: 비동작동사는 과거, 현재, 미래 모두 不를 사용하여 부정한다. 대화가 과거 맥락일 때 시간사는 생략할 수 있으며, 과거 부정이라도 了를 붙이지 않는다.

· 我(以前)不相信他。 [과거] 나는 (예전에) 그 사람을 믿지 않았다.
  Wǒ (yǐqián) bù xiāngxìn tā.

· 我不相信他。 [현재] 나는 그 사람을 믿지 않는다.
  Wǒ bù xiāngxìn tā.

· 我(以前)对他不感兴趣。 [과거] 나는 (예전에) 그 사람에게 관심이 없었다.
  Wǒ (yǐqián) duì tā bù gǎn xìngqù.

· 我对他不感兴趣。 [현재] 나는 그 사람에게 관심 없다.
  Wǒ duì tā bù gǎn xìngqù.

· 我(以前)不喜欢学汉语。 [과거] 나는 (예전에) 중국어 배우는 걸 좋아하지 않았다.
  Wǒ (yǐqián) bù xǐhuan xué Hànyǔ.

· 我不喜欢学汉语。 [현재] 나는 중국어 배우는 걸 좋아하지 않는다.
  Wǒ bù xǐhuan xué Hànyǔ.

확인학습

1. 다음 문장을 중국어로 말해 보세요.
  ① 나는 (예전에) 중국어가 어렵다고 생각하지 않았다.
  ② 나는 중국어가 어렵다고 생각하지 않는다.

정답
1. ① 我以前不觉得汉语很难。 ② 我不觉得汉语很难。

14 昨天我心情特别不好。

昨天我心情特别不好。
Zuótiān wǒ xīnqíng tèbié bù hǎo.
어제 난 기분이 너무 안 좋았어.

▶ 好와 같은 형용사는 과거와
현재 모두 不로 부정한다.

我心情特别不好。
Wǒ xīnqíng tèbié bù hǎo.
난 기분이 너무 안 좋아.

1. **형용사의 부정:** 비동작동사와 마찬가지로 과거, 현재, 미래의 부정 모두 不를 사용한다. 이때 了를 붙일 수 없다.

- 我昨天身体不太好。 [과거] 나는 어제 몸이 썩 좋지 않았어.
  Wǒ zuótiān shēntǐ bú tài hǎo.

- 我现在身体不好。 [현재] 나는 지금 몸이 안 좋아.
  Wǒ xiànzài shēntǐ bù hǎo.

- 我上个学期成绩很不好。 [과거] 나는 지난 학기 성적이 안 좋았어.
  Wǒ shàng ge xuéqī chéngjì hěn bù hǎo.

- 我成绩总是不好。 [현재] 나는 성적이 늘 나빠.
  Wǒ chéngjì zǒngshì bù hǎo.

- 他上学的时候，态度总是不好。 [과거] 그는 학교 다닐 때 늘 태도가 안 좋았어.
  Tā shàngxué de shíhou, tàidù zǒngshì bù hǎo.

- 他很不踏实。 [현재] 그 사람은 착실하지 않아.
  Tā hěn bù tāshi.

心情 xīnqíng 기분, 마음 | 态度 tàidù 태도

형용사의 과거 부정은 **不**를 사용하지만, 변화를 부정할 때는 **没**를 쓴다. 일반적으로 **还没**……(呢)의 문형을 쓴다.

- 天还没亮呢。　날이 아직 밝지 않았어.
  Tiān hái méi liàng ne.

- 我身体还没好。　나는 몸이 아직 좋아지지 않았어.
  Wǒ shēntǐ hái méi hǎo.

- 前天买来的西红柿还没红呢。　그저께 사온 토마토는 아직 빨개지지 않았어.
  Qiántiān mǎi lái de xīhóngshì hái méi hóng ne.

- A: 天黑了吗?　날이 어두워졌어?
  Tiān hēi le ma?

  B: 还没黑呢。　아직 안 어두워졌어.
  Hái méi hēi ne.

- A: 土豆熟了吗?　감자 익었어?
  Tǔdòu shú le ma?

  B: 还没熟，吃肉吧。　아직 안 익었어. 고기 먹어.
  Hái méi shú, chī ròu ba.

확인학습

1. 다음 문장을 중국어로 말해 보세요.

① 이것은 무겁지 않다.
② 도착한 지 오래되지 않았다.

정답

1. ① 这个不重。　② 刚到不久。

▶ 刚……不久 gāng……bùjiǔ ~한 지 오래되지 않다
　　ex. 刚学不久 배운 지 얼마 안 되다 / 刚做不久 한 지 얼마 안 되다

亮 liàng 밝다, 환하다 ｜ 西红柿 xīhóngshì 토마토 ｜ 黑 hēi 어둡다, 검다 ｜ 土豆 tǔdòu 감자 ｜ 熟 shú 익다 ｜
肉 ròu 고기 ｜ 重 zhòng 무겁다

Chapter 03

연습문제

1 다음 질문에 부정형으로 대답해 보세요.

① 你昨天写报告了没?

② 你去参加MT活动了吗?

③ 你每天早上跑步吗?

④ 去年你经常踢足球吗?

⑤ 你有随行杯吗?

⑥ 天亮了吗?

偶尔 ǒu'ěr 가끔 | 随行杯 suíxíngbēi 텀블러, 휴대용 컵

2 다음 문장에서 틀린 부분을 바르게 고치세요.

① 昨天我没去看电影了。

② 昨天我不学习了。

③ 我一个星期不喝酒了。

④ 我小时候没愿意去中国。

⑤ 我小时候不养小狗了。

⑥ 我没吃饭了。

⑦ 她以前没胖。

⑧ 肉还没熟了，等一会儿吃。

等 děng 기다리다

3 다음 문장을 중국어로 번역하세요.

① 나는 어제 영화를 보지 않았다.

② 나는 그에게 이메일을 보내지 않았다.

③ 나는 앞으로 그 사람을 만나지 않을 거야.

④ 나는 어제 아르바이트 하러 가고 싶지 않았다.

⑤ 이 토마토는 3일 전에는 안 빨겠는데, 지금은 빨갛게 되었어.

⑥ 이 우유는 신선하지 않아.

⑦ 나는 1년 동안 중국에 가지 않았다.

发 fā 보내다, 전송하다 | 电子邮件 diànzǐ yóujiàn 이메일 | 以后 yǐhòu 이후, 앞으로 |
打工 dǎgōng 아르바이트하다 | 新鲜 xīnxiān 신선하다

04

수식어 만들기

这是谁的手机?

 这是谁**的**手机?
Zhè shì shéi de shǒujī?
이건 누구 휴대폰이지?

▶ 소유 관계를 나타낼 때 사용하는 的는
밑줄친 관형어 표지이다.

我**的**, 我**的**!
Wǒ de, wǒ de!
내 거야. 내 거!

1. **관형어 표지 的:** 명사 앞에 수식하는 성분이 오면 그 사이에 的를 써야 한다. 형용사, 형용사 중첩, 대명사, 명사 등 다양한 품사가 명사를 수식할 수 있으며, 단어뿐만 아니라 구나 절도 올 수 있다. 구나 절이 명사를 꾸밀 때에는 반드시 的가 필요하다.

수식 성분 (관형어)	的	명사

2. 명사나 대명사가 수식하여 소유 관계를 나타낼 때, 的를 붙인다.

- 我的书 내 책
  wǒ de shū

- 老师的笔 선생님의 펜
  lǎoshī de bǐ

- 这是小金的自行车。 이건 샤오진의 자전거야.
  Zhè shì Xiǎo Jīn de zìxíngchē.

- 你的微信号是多少? 너 위챗 아이디가 뭐야?
  Nǐ de Wēixìn hào shì duōshao?

단, 대화 속에서 명사(피수식어)가 무엇을 지칭하는지 알 수 있다면 생략할 수 있다.

- A: 这是谁的电动车? 이건 누구 전동자전거지?
  Zhè shì shéi de diàndòngchē?

- B: 是我朋友的(电动车)。 내 친구 거야.
  Shì wǒ péngyou de (diàndòngchē).

微信 Wēixìn 위챗(WeChat) [중국 모바일 메신저] | 电动车 diàndòngchē 전동자전거

3. 이음절 형용사나 형용사 중첩이 명사를 수식할 때 的를 붙인다.

- 优秀的学生 우수한 학생
  yōuxiù de xuésheng

- 大大的蛋糕 커다란 케이크
  dàdà de dàngāo

- 红红的中国结 새빨간 중국 매듭
  hónghóng de Zhōngguójié

- 可爱的小狗 귀여운 강아지
  kě'ài de xiǎo gǒu

- 丰富的经验 풍부한 경험
  fēngfù de jīngyàn

4. 형용사나 동사 뒤에 的만 써서 '~것', '~한 사람'의 의미를 나타낼 수 있다.

- 我们卖的都很好，您放心。
  Wǒmen mài de dōu hěn hǎo, nín fàngxīn.
  저희가 파는 것은 다 좋아요. 걱정 안 해도 돼요.

- 你等会儿，我去便利店买点儿吃的。
  Nǐ děng huìr, wǒ qù biànlìdiàn mǎi diǎnr chī de.
  너 좀 기다리고 있어. 내가 편의점 가서 먹을 것 좀 사 올게.

- 你喜欢吃辣的吗？ 너 매운 거 좋아해?
  Nǐ xǐhuan chī là de ma?

- 王老师有两个孩子，大的20岁，小的16岁。
  Wáng lǎoshī yǒu liǎng ge háizi, dà de èrshí suì, xiǎo de shíliù suì.
  왕 선생님은 아이가 둘 있어요. 큰아이는 20살, 작은아이는 16살이에요.

5. 구나 절이 명사를 수식할 때 的를 쓴다.

- 你最喜欢的颜色是什么？ 네가 제일 좋아하는 색은 뭐야?
  Nǐ zuì xǐhuan de yánsè shì shénme?

- 这是我自己设计的手机壳。 이건 내가 직접 디자인한 휴대폰 케이스야.
  Zhè shì wǒ zìjǐ shèjì de shǒujīké.

- 这是我新买的限量版耐克鞋。 이건 내가 새로 산 한정판 나이키 신발이야.
  Zhè shì wǒ xīn mǎi de xiànliàngbǎn Nàikè xié.

优秀 yōuxiù 우수하다, 뛰어나다 | 丰富 fēngfù 풍부하다 | 经验 jīngyàn 경험 | 中国结 Zhōngguójié 중국 매듭 [전통 공예] | 放心 fàngxīn 안심하다 | 便利店 biànlìdiàn 편의점 | 辣 là 맵다 | 设计 shèjì 디자인하다, 설계하다 | 限量版 xiànliàngbǎn 한정판 | 耐克 Nàikè 나이키 [브랜드명]

很多와 很少는 的 없이 명사를 수식할 수 있다.

- 很多学生 / 很少学生　　・很多人 / 很少人　　・很多东西

的가 관형어 표지라면 地는 부사어 표지이다. 부사어는 地를 써서 동사를 꾸미지만 일부 형용사와 부사는 地 없이도 동사를 꾸밀 수 있다.

① 부사어 표지 地가 쓰인 예

- 他痛快地答应了。　그는 흔쾌히 승낙했다.
  Tā tòngkuài de dāying le.

- 生病时，他很细心地照顾我。　아플 때 그가 세심하게 나를 보살펴 주었다.
  Shēngbìng shí, tā hěn xìxīn de zhàogù wǒ.

- 他清清楚楚地写下了自己的名字。　그는 분명하게 자신의 이름을 썼다.
  Tā qīngqing chǔchǔ de xiě xià le zìjǐ de míngzi.

② 부사어 표지 地가 생략된 예

- 那你回去好好儿(地)休息吧。　그럼 돌아가서 잘 쉬어.
  Nà nǐ huí qù hǎohāor (de) xiūxi ba.

- 我顺利(地)完成了作业。　나는 순조롭게 과제를 마쳤다.
  Wǒ shùnlì (de) wánchéng le zuòyè.

- 今后我也要努力(地)学习。　앞으로 나도 열심히 공부해야겠다.
  Jīnhòu wǒ yě yào nǔlì (de) xuéxí.

확인학습

1. 다음 대화에서 한국어 문장을 중국어로 말해 보세요.

① A: 您好! 您要点什么?
　 B: 我要一杯热美式, ＿＿＿＿＿＿＿＿＿＿＿＿ (이건 제 텀블러예요.)
　 A: 好的。

② A: 刀削面你要吃大的还是小的?
　 B: ＿＿＿＿＿＿＿＿＿＿＿＿ (나 큰 걸로 먹을래.)

정답

1. ① B: 这是我的随行杯。　② B: 我要吃大的。

痛快 tòngkuài 시원시원하다, 통쾌하다 ｜ 答应 dāying 승낙하다 ｜ 细心 xìxīn 세심하다, 주의 깊다 ｜ 照顾 zhàogù 돌보다, 보살피다 ｜ 清楚 qīngchu 분명하다, 명확하다 ｜ 顺利 shùnlì 순조롭다 ｜ 完成 wánchéng 완성하다, 완수하다 ｜ 刀削面 dāoxiāomiàn 도삭면 [중국식 칼국수]

16

수식 관계에서 的를 쓸 수 없거나 생략하는 경우 익히기

我姐喜欢看恐怖片。

我姐喜欢看恐怖片。
Wǒ jiě xǐhuan kàn kǒngbùpiàn.
우리 언니(누나)는 공포 영화 보는 걸 좋아해.

▶ 가족 관계에서는 일반적으로
的를 사용하지 않는다.

1. **的를 생략할 수 있는 경우:** 단체나 기관에 대한 소속 관계를 나타낼 때에는 的를 생략할 수 있다. 특히 가족 관계와 같이 친밀하고 밀접한 관계를 나타낼 때에는 일반적으로 的를 생략한다. 따라서 我的姐姐에서 的를 생략한 我姐姐가 더 자주 사용된다.

수식 성분 ⋯⋯ (的) ⋯⋯ 명사

① 가족이나 친밀한 관계를 나타낼 때는 的를 생략한다.

- **我家有三口人。** 우리 가족은 세 식구이다.
  Wǒ jiā yǒu sān kǒu rén.

- **我老公是西班牙人。** 제 남편은 스페인 사람이에요.
  Wǒ lǎogōng shì Xībānyá rén.

- **我女儿开始学开车。** 우리 딸은 운전을 배우기 시작했다.
  Wǒ nǚ'ér kāishǐ xué kāichē.

- **我男朋友学中文。** 제 남자 친구는 중국어를 공부해요.
  Wǒ nán péngyou xué Zhōngwén.

② 소속된 기관이나 단체를 나타낼 때는 的를 생략한다.

- **我们学校下星期就放假。** 우리 학교는 다음 주면 방학이야.
  Wǒmen xuéxiào xià xīngqī jiù fàngjià.

- **我们班有10个女生和10个男生。** 우리 반에는 여학생 10명과 남학생 10명이 있다.
  Wǒmen bān yǒu shí ge nǚshēng hé shí ge nánshēng.

恐怖片 kǒngbùpiàn 공포 영화 | 老公 lǎogōng 남편 | 西班牙 Xībānyá 스페인 | 班 bān 반, 학급, 그룹

2. 的를 쓰지 않는 경우: 일부 수식 관계에서는 的를 사용하지 못하는 경우도 있다.

수식 성분 ⸺ 명사

속성, 내용, 재료, 직업 등과 같은 긴밀한 표현이나 수량사가 명사를 수식할 때는 的를 쓰지 않는다.

- 中国地图 중국 지도
  Zhōngguó dìtú

- 汉语老师 중국어 선생님
  Hànyǔ lǎoshī

- 红豆面包 단팥빵
  hóngdòu miànbāo

- 中文书 중국어 책
  Zhōngwén shū

- 羊绒围巾 캐시미어 스카프
  yángróng wéijīn

- 意大利菜 이탈리아 요리
  Yìdàlì cài

자주 틀리는 문장

- 小李是我们的班最用功学生。(✗) → 小李是我们班最用功的学生。(○)
- 他换了苹果的手机。(✗) → 他换了苹果手机。(○)
- 请推荐一本中文的小说。(✗) → 请推荐一本中文小说。(○)

확인학습

1. 다음 두 가지 표현의 의미에 어떤 차이가 있는지 말해 보세요.
   ① ⓐ 男朋友   ⓑ 男的朋友
   ② ⓐ 美国朋友   ⓑ 美国的朋友

2. 다음 문장을 중국어로 말해 보세요.
   ① 중국인 선생님   ② 외국인 친구   ③ 한국 영화

 정답

1. ① ⓐ 남자 친구(애인) ⓑ 성별이 남자인 친구 ② ⓐ 미국인 친구 ⓑ 미국의 친구
2. ① 中国老师 ② 外国朋友 ③ 韩国电影

羊绒 yángróng 캐시미어 | 围巾 wéijīn 스카프, 목도리 | 红豆 hóngdòu 팥 | 意大利 Yìdàlì 이탈리아 |
用功 yònggōng 열심히 공부하다 | 换 huàn 바꾸다, 교환하다 | 推荐 tuījiàn 추천하다

17 자주 쓰는 상용 부사

北京、上海和广州我都去过。

北京、上海和广州我都去过。
Běijīng、Shànghǎi hé Guǎngzhōu wǒ dōu qù guo.
베이징, 상하이, 광저우를 나는 모두 가 봤어.

▶ 부사 都는 여기서 '모두'라는 의미로 쓰여 동사 去를 꾸미고 있다.

非常, 也, 不, 常常, 一起 등은 술어를 수식하는 부사로서 가장 많이 쓰이는 기본 부사이다. 이 외에도 쓰임새가 다양한 상용 부사들을 살펴보자.

- 小李非常聪明。 샤오리는 매우 똑똑해.
  Xiǎo Lǐ fēicháng cōngmíng.

- 我也喜欢吃香菜。 나도 고수를 즐겨 먹어.
  Wǒ yě xǐhuan chī xiāngcài.

- 我不吃早饭。 난 아침식사를 하지 않아.
  Wǒ bù chī zǎofàn.

- 我同屋常常出去跑步。 내 룸메이트는 자주 나가서 뛰어.
  Wǒ tóngwū chángcháng chū qù pǎobù.

- 咱们一起去看电影吧。 우리 같이 영화 보러 가자.
  Zánmen yìqǐ qù kàn diànyǐng ba.

1. 都

① '모두'라는 의미를 나타내며, 포괄하는 대상은 都 앞에 온다. 단, 의문대명사 의문문에서는 포괄하는 대상이 都 뒤에 오기도 한다.

- 我和我女朋友都学中文。 저와 제 여자 친구는 모두 중국어를 공부해요.
  Wǒ hé wǒ nǚ péngyou dōu xué Zhōngwén.

- 我老公每年都去中国。 제 남편은 매년 중국에 가요.
  Wǒ lǎogōng měi nián dōu qù Zhōngguó.

  ❯ 每는 부사 都와 자주 함께 쓰인다.

香菜 xiāngcài 고수 [식재료] ┃ 同屋 tóngwū 룸메이트 ┃ 带 dài 데리다, 지니다 ┃ 散步 sànbù 산책하다

- 我爸每天都带小狗去散步。　우리 아버지는 매일 강아지를 데리고 산책하신다.
  Wǒ bà měi tiān dōu dài xiǎo gǒu qù sànbù.

- 你都吃了些什么?　너는 어떤 것들을 먹었니?
  Nǐ dōu chī le xiē shénme?

- 你都去过哪里?　너는 어디어디 가 봤니?
  Nǐ dōu qù guo nǎlǐ?

② '이미', '벌써'라는 의미를 나타낸다.

- 都两点了，快去睡吧。　벌써 2시야. 얼른 가서 자.
  Dōu liǎng diǎn le, kuài qù shuì ba.

- 你都写了两万字了，最好不要再写了。　넌 이미 2만 글자를 썼어. 이제 그만 쓰는 게 좋겠어.
  Nǐ dōu xiě le liǎng wàn zì le, zuì hǎo bú yào zài xiě le.

2. 才

① 시간이나 때를 나타내는 말 뒤에 와서 상황의 발생이 늦거나 수량이 많음을 나타낸다.

- 我早上十点多才起床。　난 아침에 10시가 넘어야 일어나.
  Wǒ zǎoshang shí diǎn duō cái qǐchuáng.

- 怎么现在才来啊?　왜 이제야 오니?
  Zěnme xiànzài cái lái a?

- 我一顿吃两包方便面才能吃饱。　나는 한 끼에 라면 두 봉지는 먹어야 배가 불러.
  Wǒ yí dùn chī liǎng bāo fāngbiànmiàn cái néng chī bǎo.

② 시간이나 때를 나타내는 말 앞에 와서 상황의 발생이 이르거나 수량이 적음을 나타낸다.

- 才三点啊，我以为五点多了呢。　3시밖에 안 됐네. 나는 5시가 넘은 줄 알았어.
  Cái sān diǎn a, wǒ yǐwéi wǔ diǎn duō le ne.

- 才五岁就背唐诗啊。　다섯 살밖에 안 됐는데, 벌써 당시를 외우다니.
  Cái wǔ suì jiù bèi tángshī a.

- 一共才十个。　모두 합쳐 겨우 10개다.
  Yígòng cái shí ge.

顿 dùn 끼니, 번 [끼니를 세는 단위] ｜ 包 bāo 봉지, 꾸러미 ｜ 方便面 fāngbiànmiàn (인스턴트) 라면 ｜ 饱 bǎo 배부르다 ｜
背 bèi 외우다, 암기하다 ｜ 唐诗 tángshī 당시 [중국 당대의 시가] ｜ 一共 yígòng 합계, 전부, 모두

3. 就

① '곧', '바로'라는 의미를 나타내며, 시간이나 때를 나타내는 말 뒤에 위치한다.

- 我一会儿就到。 나 금방 도착해.
  Wǒ yíhuìr jiù dào.

- 我一看就知道。 나는 딱 보면 알아.
  Wǒ yí kàn jiù zhīdào.

② 시간이 이르거나 수량이 적음을 나타낸다.

- 我早晨八点就上班。 나는 아침 8시면 출근해.
  Wǒ zǎochén bā diǎn jiù shàngbān.

- 他十岁就跟妈妈一样高。 그 애는 열 살인데 벌써 엄마와 키가 똑같아.
  Tā shí suì jiù gēn māma yíyàng gāo.

확인학습

1. 다음 문장에서 제시된 부사가 들어갈 알맞은 위치를 찾으세요.

① 我喜欢吃中国菜，ⓐ 我 ⓑ 家人 ⓒ 喜欢 ⓓ 吃中国菜。　　也

② 他 ⓐ 每天 ⓑ 吃 ⓒ 水果 ⓓ 。　　都

③ 这个作业很简单，我 ⓐ 三十分钟 ⓑ 能 ⓒ 做完 ⓓ 。　　就

④ 你 ⓐ 怎么 ⓑ 这么 ⓒ 晚 ⓓ 回家?　　才

⑤ 我 ⓐ 每天 ⓑ 早上 ⓒ 喝 ⓓ 咖啡。　　都

1. ① ⓒ　② ⓑ　③ ⓑ　④ ⓓ　⑤ ⓒ

早晨 zǎochén 새벽, 이른 아침 ｜ 上班 shàngbān 출근하다 ｜ 一样 yíyàng 같다, 동일하다 ｜ 简单 jiǎndān 간단하다, 용이하다

18 我们明天再聊吧。

我们明天**再**聊吧。
Wǒmen míngtiān zài liáo ba.
우리 내일 다시 이야기하자.

▶ 부사 **再**는 여기서 '다시'라는 뜻이다.

반복의 의미를 나타내는 부사 还, 再, 又는 우리말로 모두 '또', '다시' 등으로 해석하지만 구체적인 용법에는 차이가 있다.

1. 还

① '아직', '여전히'라는 의미를 나타낸다.

- 他还没回来。 그는 아직 돌아오지 않았어.
  Tā hái méi huílái.

- 都几点了还没吃饭? 지금 몇 시인데 아직도 밥을 안 먹었어?
  Dōu jǐ diǎn le hái méi chīfàn.

② '또', '더', '게다가'라는 의미를 나타낸다. 어떤 동작이 반복해서 발생하기를 기대하는 의미가 있으므로 일반적으로 조동사 앞에 위치한다.

- 我明年还要学中文。 나는 내년에도 중국어를 공부할 거야.
  Wǒ míngnián hái yào xué Zhōngwén.

- 这部电影很有意思，我还想再看一遍。 이 영화는 재미있어서 한 번 더 보고 싶어.
  Zhè bù diànyǐng hěn yǒu yìsi, wǒ hái xiǎng zài kàn yí biàn.

聊 liáo 대화를 나누다 | 部 bù 편 [영화를 세는 단위] | 遍 biàn 번, 회 [동작이 시작되어 끝날 때까지의 전 과정]

2. 再: 발생하지 않은 동작이나 상황의 반복을 나타내며, 일반적으로 조동사 뒤에 위치한다.

① '또', '다시'라는 의미를 나타낸다.

- 欢迎下次再来! 다음에 또 오세요!
  Huānyíng xià cì zài lái!

- 我们明天再商量吧。 우리 내일 다시 의논합시다.
  Wǒmen míngtiān zài shāngliang ba.

② '더', '재차', '다시'라는 의미를 나타낸다.

- 来，再吃点儿。 자, 더 드세요.
  Lái, zài chī diǎnr.

- 我想再喝一杯。 저는 한 잔 더 마시고 싶어요.
  Wǒ xiǎng zài hē yì bēi.

3. 又: 이미 발생한 동작이나 상황의 반복을 의미하며 了와 함께 쓰인다.

- 我昨天又去吃麻辣烫了。 나는 어제 마라탕을 또 먹으러 갔다.
  Wǒ zuótiān yòu qù chī málàtàng le.

- 这本书我又看了一遍。 이 책을 나는 다시 한번 읽었다.
  Zhè běn shū wǒ yòu kàn le yí biàn.

- 明天又星期一了。 내일은 또 월요일이네.
  Míngtiān yòu xīngqīyī le.

확인학습

1. 다음 빈칸에 알맞은 부사를 넣으세요.

① 我饱了，不想＿＿＿＿吃。 나 배불러. 더 먹고 싶지 않아.

② 我＿＿＿＿没有去过中国。 나는 아직 중국에 가 보지 않았다.

③ 我同屋下午＿＿＿＿去超市了。 룸메이트는 오후에 슈퍼에 또 갔다.

정답

1. ① 再 ② 还 ③ 又

欢迎 huānyíng 환영하다 ｜ 商量 shāngliang 상의하다, 의논하다 ｜ 麻辣烫 málàtàng 마라탕 [중국의 맵고 얼얼한 탕 요리]

Chapter 04

연습문제

1 그림을 보고 的를 사용하여 중국어로 말해 보세요.

①

우리 할아버지의 개

②

엄마의 선글라스

墨镜 mòjìng 선글라스

2 그림을 보며 중국어로 대답해 보세요.

①

Q 他是哪个学校的学生?

②

Q 他穿了一件什么颜色的衣服?

③

Q 你爱看谁演的电影?

④

Q 这是你的随行杯吗?

演 yǎn 연기하다

3 빈칸에 的를 넣어 말해 보세요. 필요 없거나 생략 가능하면 X를 표시하세요.

① 这家商店有很多_____好_____东西。

② 李老师很仔细地看了每个同学交_____作业。

③ 刀削面大_____十五块，小_____十二块。

④ 我们_____公司有很多外国人。

仔细 zǐxì 자세히, 꼼꼼하게 ┃ 交 jiāo 제출하다, 건네다

4 빈칸에 들어갈 알맞은 표현을 보기에서 찾으세요.

보기   才   再   又   还

① 他昨天迟到，今天_____迟到了。

② 我_____想_____问您一个问题。

③ 你看，我爷爷_____很年轻。

④ 他上午十点_____起床。

⑤ 该上课了，他_____没出来。

该……(了) gāi……(le) ~해야 한다, ~의 차례이다

05

어순 (1)

我两点睡觉。& 我睡了两个小时。

我两点睡觉。
Wǒ liǎng diǎn shuìjiào.
난 2시에 잠을 자.

▶ 시간적 배경을 나타내는 성분은
동사 앞에 온다.

我睡了两个小时。
Wǒ shuì le liǎng ge xiǎoshí.
난 2시간 잤어.

▶ 동작의 양을 나타내는 표현은
동사 뒤에 온다.

1. **시간 표현의 어순:** 동작을 언제 했는지 시간적 배경을 나타내는 표현은 동사 앞에 온다. 동작을 얼마 동안 했는지, 몇 번이나 했는지 등 동작의 양을 나타내는 표현은 동사 뒤에 온다.

我	晚上	十点	睡觉。	[시간적 배경(언제)]
나는	저녁	10시	잠을 자다	

我	睡了	八个小时。	[동작의 양(얼마 동안, 몇 번)]
나는	잤다	여덟 시간	

· 我弟弟早上六点起床。　내 남동생은 아침 6시에 일어나.
　Wǒ dìdi zǎoshang liù diǎn qǐchuáng.

· 她下午五点下课。　그녀는 오후 5시에 수업이 끝나.
　Tā xiàwǔ wǔ diǎn xiàkè.

· 我跑了三十分钟。　나는 30분 동안 뛰었어.
　Wǒ pǎo le sānshí fēnzhōng.

· 昨天我去了一趟香港迪士尼乐园。　어제 나는 홍콩 디즈니랜드에 다녀왔어.
　Zuótiān wǒ qù le yí tàng Xiānggǎng Díshìní lèyuán.

趟 tàng 차례, 번 [왕복을 전제로 하는 횟수]　|　迪士尼乐园 Díshìní lèyuán 디즈니랜드

LEVEL UP

시량보어와 동량보어

동사 뒤에 쓰여 동작의 양을 나타내는 성분을 시량보어 또는 동량보어라고 한다. 시량보어는 동작의 지속 시간을 나타내고, 동량보어는 동작의 횟수를 나타낸다. `Chapter 07/32 참조`

시량보어

① 동작의 '지속 시간'을 나타내는 시간 표현

- 我等了两个小时。 나는 두 시간 동안 기다렸어.
  Wǒ děng le liǎng ge xiǎoshí.

② 동작이 끝난 후 '경과 시간'을 나타내는 시간 표현

- 他去中国已经五年了。 그가 중국에 간 지 벌써 5년이 되었어.
  Tā qù Zhōngguó yǐjīng wǔ nián le.

동량보어

① 동작의 횟수를 나타내는 수량 표현

- 他来过一次。 그는 한 번 온 적이 있어.
  Tā lái guo yí cì.

② 동량보어로 자주 사용되는 양사로는 **次, 遍, 趟, 场** 등이 있다.

- 请再说一遍。 다시 한번 말해 줘.
  Qǐng zài shuō yí biàn.

- 上个星期我去了一趟上海。 지난주에 나는 상하이에 다녀왔어.
  Shàng ge xīngqī wǒ qù le yí tàng Shànghǎi.

- 今天早上下了一场大雨。 오늘 아침에 큰 비가 한차례 내렸어.
  Jīntiān zǎoshang xià le yì chǎng dà yǔ.

자주 틀리는 문장

- 我两个小时睡了。(✗) → 我睡了两个小时。(○)

场 chǎng 차례 [공연, 체육 활동], 번 [비나 눈 따위의 기상 현상]

확인학습

1. 다음 대화에서 한국어 문장을 중국어로 말해 보세요.

   A: 昨天你几点睡觉了?

   B: 我晚上十点睡觉了。

   A: 你睡了多长时间?

   B: _____ (여섯 시간 잤어.)

정답

   1. B: 我睡了六个小时。

20 이중주어문의 어순 이해하기

他个子很高。

他个子很高。
Tā gèzi hěn gāo.
그는 키가 커.

▸ 이중주어문은 주어가 두 개이다.
(대주어 他, 소주어 个子)

1. **주어와 술어:** 주어는 술어 동작의 주체나 서술의 대상이 되는 문장 성분이다. 주어는 일반적으로 술어 앞에 위치한다.

爸爸	很健康。	아빠는 건강해.
주어	술어	

- 我很喜欢火锅。 나는 훠궈를 좋아해.
  Wǒ hěn xǐhuan huǒguō.

- 这个苹果非常好吃。 이 사과 정말 맛있어.
  Zhège píngguǒ fēicháng hǎochī.

- 明天星期六。 내일은 토요일이야.
  Míngtiān xīngqīliù.

2. **이중주어문(주술술어문):** 이중주어문은 말 그대로 주어가 두 개인 문장을 의미한다. '주술술어문(主谓谓语句)'이라고도 불리는데, 술어 부분이 주술구조이기 때문이다. 어순은 [주어₁+주어₂+술어]이며, 이때 '주어₁'을 '대주어'라고 하고 '주어₂'를 '소주어'라고 한다.

他	个子	很高。	그는 키가 크다.
그	키	크다	
대주어	소주어	술어	

健康 jiànkāng 건강하다 | 火锅 huǒguō 훠궈 [중국식 샤부샤부]

이중주어문에서 주어는 동작의 주체, 서술의 대상, 시간, 장소 등 다양한 의미를 나타낸다.

- 丽丽头发很长。 리리는 머리가 길어.
  Lìli tóufa hěn cháng.

- 这个人我不认识。 이 사람은 내가 몰라.
  Zhège rén wǒ bú rènshi.

- 什么地方他都去过。 어디든지 그는 다 가 봤어.
  Shénme dìfang tā dōu qù guo.

- 我手机耗电特别快。 내 휴대폰은 배터리가 정말 빨리 닳아.
  Wǒ shǒujī hàodiàn tèbié kuài.

- 这种充电宝外观漂亮，容量很大，特别好用。
  Zhè zhǒng chōngdiànbǎo wàiguān piàoliang, róngliàng hěn dà, tèbié hǎo yòng.
  이 보조 배터리는 외관도 예쁘고 용량도 커서 아주 유용해.

확인학습

1. 다음 대화에서 한국어 문장을 중국어로 말해 보세요.

A: 他为人怎么样?

B: 他人很好。

A: 性格开朗活泼吗?

B: ＿＿＿＿＿＿＿＿＿＿＿＿ (그는 아주 쾌활한 성격이야.)

정답

1. B: 他性格很开朗。

头发 tóufa 머리카락 ｜ 耗电 hàodiàn 전기를 소모하다 ｜ 充电宝 chōngdiànbǎo 휴대폰 보조 배터리 ｜ 外观 wàiguān 외관, 외형 ｜ 容量 róngliàng 용량 ｜ 好用 hǎoyòng 사용하기 편리하다, 쓸모가 많다 ｜ 为人 wéirén 사람 됨됨이, 인품 ｜ 开朗 kāilǎng (성격이) 명랑하다, 쾌활하다 ｜ 活泼 huópō 활발하다, 생기가 있다

21 연동문의 용법 익히기
我去书店买书。

我去书店买书。
Wǒ qù shūdiàn mǎi shū.
난 서점에 가서 책을 사.

▶ 일반적으로 동작이 발생한
순서대로 배열한다.

1. **연동문:** 문장에 2개 이상의 동사가 연이어 나오는 문장을 가리키며, 회화에서 사용빈도가 매우 높은 문형이다. '지하철을 타고 학교에 간다'와 같은 문장을 중국어로 말할 때, 동작이 행해지는 순서대로 동사를 나열하여 말한다.

| 주어 | 동사₁ | 목적어 | 동사₂ | 목적어 |

我　每天　[坐　地铁　＋　去　学校]。
나　매일　타다　지하철　가다　학교
주어　　　동사₁　목적어　동사₂　목적어

하나의 주어가 있고, 그 뒤에 동사를 시간 순서대로 연이어 나열하면 문장이 완성된다.

- 我坐地铁去学校。　나는 지하철을 타고 학교에 가.
  Wǒ zuò dìtiě qù xuéxiào.

- 妈妈去超市买东西。　엄마는 슈퍼에 가서 물건을 산다.
  Māma qù chāoshì mǎi dōngxi.

- 中国人一般使用筷子吃饭。　중국 사람은 일반적으로 젓가락으로 밥을 먹는다.
  Zhōngguó rén yìbān shǐyòng kuàizi chīfàn.

- 我带着好奇心，上网找了关于那个歌手的所有信息。
  Wǒ dài zhe hàoqíxīn, shàngwǎng zhǎo le guānyú nàge gēshǒu de suǒyǒu xìnxī.
  나는 호기심을 가지고 인터넷으로 그 가수와 관련된 모든 정보를 찾았다.

一般 yìbān 일반적이다, 보통이다 ㅣ 筷子 kuàizi 젓가락 ㅣ 好奇心 hàoqíxīn 호기심 ㅣ 上网 shàngwǎng 인터넷하다 ㅣ
歌手 gēshǒu 가수 ㅣ 所有 suǒyǒu 모든 ㅣ 信息 xìnxī 정보

1. 다음 대화에서 한국어 문장을 중국어로 말해 보세요.

　　A: 小李你去哪儿?

　　B: ＿＿＿＿＿＿＿＿＿＿＿＿＿ (슈퍼에 물건 사러 가.)

　　A: 那我们一起去吧。我也想买东西吃。

　　B: 好的。我们一起去。

정답
━━

　　1. B: 我去超市买东西。

22 이중목적어 구문의 어순 이해하기

我要送她一本书。

我要送她一本书。
Wǒ yào sòng tā yì běn shū.
나는 그녀에게 책을 한 권 주려고 해.

▶ 간접목적어와 직접목적어가
나란히 온다.

他给我一件礼物。
Tā gěi wǒ yí jiàn lǐwù.
그가 나에게 선물을 하나 줬어.

1. **목적어:** 목적어는 술어동사 뒤에 출현하는 명사성 성분을 가리킨다. 목적어는 동작의 대상, 결과, 장소 등을 나타낸다.

我	买了	一个	新	手机。	나는 새 휴대폰을 하나 샀어.
나	샀다	한 개	새	휴대폰	
주어	동사		목적어		

2. **이중목적어:** 일부 동사는 두 개의 목적어를 가질 수 있다. 동사 뒤에 두 개의 목적어가 올 때 이를 '이중목적어'라고 하며, [간접목적어 + 직접목적어] 형식으로 쓴다. 간접목적어는 대개 사람을 가리키고 직접목적어는 사물을 가리킨다.

他	给	我	一件	礼物。	그가 나에게 선물을 하나 줬어.
그	주다	나	한 개	선물	
주어	동사	간접목적어	직접목적어		

- 他送了我一台空气净化器。　그가 나에게 공기 청정기를 한 대 보냈어.
  Tā sòng le wǒ yì tái kōngqì jìnghuàqì.

- 我借了他一百块钱。　나는 그에게 100위안을 빌렸어. / 나는 그에게 100위안을 빌려줬어.
  Wǒ jiè le tā yìbǎi kuài qián.

礼物 lǐwù 선물 ｜ 空气净化器 kōngqì jìnghuàqì 공기 청정기, 공기 정화기 ｜ 借 jiè 빌리다, 빌려주다

- 李老师教我们汉语。　이 선생님은 우리에게 중국어를 가르치셔.
  Lǐ lǎoshī jiāo wǒmen Hànyǔ.

- 我告诉你一个好消息。　내가 너에게 좋은 소식 하나 알려줄게.
  Wǒ gàosu nǐ yí ge hǎo xiāoxi.

- 明天是男朋友的生日，我想给他一个惊喜。
  Míngtiān shì nán péngyou de shēngrì, wǒ xiǎng gěi tā yí ge jīngxǐ.
  내일이 남자 친구 생일이라 그에게 깜짝 이벤트를 해주고 싶어.

LEVEL UP

이중목적어를 가지는 동사

이중목적어를 가질 수 있는 동사는 크게 'A가 B에게 주다'의 의미와 'A가 B로부터 받다'의 의미를 나타내는 것으로 나뉜다. '~에게 주다'라는 의미로 사용되는 동사는 给(주다), 送(보내다), 交(건네다), 教(가르치다), 告诉(알려주다) 등이 있다. 반대로 收(받다), 偷(훔치다) 등의 동사는 '~로부터 받다(빼앗다)'의 의미를 가지는데 이중목적어 구문으로 사용할 수 있다. 借(빌리다), 租(임대하다) 등의 동사는 두 가지 의미로 모두 사용된다.

- 我借了他一百块钱。　나는 그에게 100위안을 빌렸어. / 나는 그에게 100위안을 빌려줬어.
  Wǒ jiè le tā yìbǎi kuài qián.

- 他偷了我一百块钱。　그는 나에게서 100위안을 훔쳤다.
  Tā tōu le wǒ yìbǎi kuài qián.

자주 틀리는 문장

- 我要给他送一件礼物。(✗) → 我要送他一件礼物。(O)
- 李老师给我们教汉语。(✗) → 李老师教我们汉语。(O)

확인학습

1. 다음 한국어 문장을 중국어로 말해 보세요.

   ① 그녀가 나에게 선물을 주었다.

   ② 그가 나에게 휴대폰 번호를 알려주었다.

정답

　1. ① 她给我一件礼物。　② 他告诉了我手机号码。

消息 xiāoxi 소식, 뉴스 | 惊喜 jīngxǐ 놀라고도 기쁘다. 깜짝 파티, 깜짝 선물

23 장소 표현의 어순 이해하기

书在桌子上。

我的书在桌子上。
Wǒ de shū zài zhuōzi shang.
내 책은 책상 위에 있어.

▶ [사물＋在＋장소]

桌子上有一本书。
Zhuōzi shang yǒu yì běn shū.
책상 위에 책 한 권이 있어.

▶ [장소＋有＋사물]

1. 장소의 표현 在 · 有 · 是: 사물이나 사람이 존재하는 장소를 표현할 때 사용하며, 문장에서의 어순이나 의미의 초점이 조금씩 다르다.

1 在: 장소가 초점이 된다.

自行车	在	邮局 旁边。	자전거는 우체국 옆에 있다.
자전거	있다	우체국 옆	
사물/사람		장소	

- 书在桌子上。 책은 책상 위에 있다.
  Shū zài zhuōzi shang.

- 我们班的同学们都在奶茶店里。 우리반 친구들은 모두 밀크티 가게에 있어.
  Wǒmen bān de tóngxuémen dōu zài nǎichá diàn li.

2 有: 존재하는 사물이나 사람이 초점이 된다.

邮局 旁边	有	自行车。	우체국 옆에 자전거가 있다.
우체국 옆	있다	자전거	
장소		사물/사람	

奶茶 nǎichá 밀크티 ｜ 店 diàn 가게, 상점

- 桌子上有一本书。　책상 위에 책 한 권이 있다.
  Zhuōzi shang yǒu yì běn shū.
- 我们学校旁边有一家麻辣香锅店。　우리 학교 옆에는 마라샹궈 가게 하나가 있어.
  Wǒmen xuéxiào pángbiān yǒu yì jiā málà xiāngguō diàn.

❸ 是: 존재물을 확인하고 강조한다.

> **邮局 旁边　是　银行。** 우체국 옆은 은행이다.
> 우체국 옆　이다　은행
> 　장소　　　장소/사물/사람

- 那个箱子里都是衣服。　그 상자 안은 온통 옷이다.
  Nàge xiāngzi li dōu shì yīfu.
- 前面是沙漠，后面是红海。　앞은 사막이고, 뒤는 홍해야.
  Qiánmiàn shì shāmò, hòumiàn shì Hónghǎi.

2. **방위사:** 방위사는 명사 뒤에 사용되어 장소나 위치를 나타내는 기능을 한다. 일반명사에 방위사가 사용되면 장소의 의미가 부각된다.

- 桌子 ＋ 上　책상 + 위 = 책상에
- 飞机 ＋ 上　비행기 + 위 = 비행기에
- 箱子 ＋ 里　상자 + 안 = 상자에
- 杯子 ＋ 里　컵 + 안 = 컵에

일반명사가 장소의 의미를 가지는 동사나 전치사의 목적어로 사용될 때는 방위사가 부가된다. 만약 방위사를 사용하지 않으면 비문이 된다.

- 他从书包里拿出了一本书。　그는 책가방에서 책 한 권을 꺼냈다.
  Tā cóng shūbāo li ná chū le yì běn shū.

  他从书包拿出了一本书。（✗）

> **자주 틀리는 문장**
>
> - 手机在桌子。（✗）→ 手机在桌子上。（O）
> - 那个箱子都是衣服。（✗）→ 那个箱子里都是衣服。（O）

麻辣香锅 málà xiāngguō 마라샹궈 [중국의 맵고 얼얼한 볶음 요리] ｜ 箱子 xiāngzi 상자 ｜ 沙漠 shāmò 사막 ｜
红海 Hónghǎi 홍해 ｜ 拿 ná 잡다, 쥐다, 가지다

LEVEL **Up**

명사와 방위사의 결합

명사가 '~에 있다(在+목적어)'처럼 장소목적어로 사용되려면 장소 의미가 있어야 한다. 만약 장소의 의미가 약한 일반명사의 경우에는 里와 같은 방위사를 사용한다. 방위사의 사용 여부는 명사의 유형에 따라 몇 가지로 나눌 수 있다.

① 고유명사(국가명, 도시명, 지명): 단독으로 장소목적어가 될 수 있고, 방위사를 사용하지 않는다.
> **ex** 中国, 韩国, 北京, 长江

· 他在北京。（O） · 他在北京里。（✕）

② 장소명사: 단독으로 장소목적어가 될 수 있고, 방위사를 사용하면 장소의 공간 의미가 부각된다.
> **ex** 学校, 邮局, 银行

· 他在学校。（O） · 他在学校里。（O）

그러나 일부 장소명사는 반드시 방위사를 사용해야 한다.
> **ex** 房子, 屋子, 村子, 路

· 他在屋子。（✕） · 他在屋子里。（O）

· 我在路。（✕） · 我在路上。（O）

③ 일반명사: 단독으로 장소목적어가 될 수 없으므로 반드시 방위사를 사용해야 한다.
> **ex** 桌子, 手机, 书包, 脑子

· 手机在桌子。（✕） · 手机在桌子上。（O）

· 手机在书包。（✕） · 手机在书包里。（O）

인칭대명사가 장소목적어로 사용되는 경우

반드시 这儿이나 那儿을 부가해야 한다. 화자에게 가까우면 这儿을 사용하고, 화자로부터 멀어지면 那儿을 사용한다.

내가 너에게 갈게.
· 我去你。（✕） → 我去你那儿。（O）

네가 나에게 와.
· 你来我。（✕） → 你来我这儿。（O）

1. 다음 대화에서 한국어 문장을 중국어로 말해 보세요.

　　A: 你的书在哪儿?

　　B: ＿＿＿＿＿＿＿＿＿＿＿＿＿ (내 책은 책상 위에 있어.)

　　A: 桌子上还有什么?

　　B: 桌子上还有一支笔。

정답
　1. B: 我的书在桌子上。

24 전치사의 어순과 용법 이해하기

他昨天从北京回来了。

爸爸昨天从北京回来了。
Bàba zuótiān cóng Běijīng huí lái le.
아빠는 어제 베이징에서 돌아왔어.

▶ 전치사구는 동사술어 앞에 위치한다.

---

1. 전치사 용법: 전치사는 명사성 성분 앞에 사용되어 시간, 장소, 대상, 목적, 원인 등을 나타내는 품사이다. 전치사는 단독으로 사용되지 않고 목적어와 함께 쓰여 전치사구로 기능한다.

- 跟 ＋ 老师　　선생님과
- 给 ＋ 学生　　학생에게
- 从 ＋ 北京　　베이징에서부터
- 离 ＋ 这儿　　여기에서

문장에서 전치사구의 위치는 동사나 형용사 앞이다. 즉 [전치사구＋술어] 어순으로 사용된다.

- 跟 老师 ＋ 商量　　선생님과 상의하다
- 给 学生 ＋ 上课　　학생에게 수업하다
- 从 北京 ＋ 回来　　베이징에서 돌아오다
- 离 这儿 ＋ 很近　　이곳에서 매우 가깝다

2. 전치사 从과 离

① **从:** 기점, 경유, 근거 등의 의미를 나타낸다.

- 从北京到上海　**[기점]** 베이징에서 상하이까지
  cóng Běijīng dào Shànghǎi
- 从这儿过马路　**[경유]** 이곳을 통해 길을 건너다
  cóng zhèr guò mǎlù

过 guò 지나다　│　马路 mǎlù 큰길. 대로

❷ 离: 기준점과의 공간적·시간적 거리를 나타낸다.

- 我家离火车站很近。 **[공간적 거리]** 우리 집은 기차역에서 가까워.
  Wǒ jiā lí huǒchēzhàn hěn jìn.

- 离春节只有十天了。 **[시간적 거리]** 설날까지 열흘 밖에 안 남았어.
  Lí Chūnjié zhǐ yǒu shí tiān le.

3. 전치사 跟과 给

❶ 跟: 동반, 비교 등의 의미를 나타낸다.

- 我跟他一起去学校。 **[동반]** 나는 그와 함께 학교에 가.
  Wǒ gēn tā yìqǐ qù xuéxiào.

- 他们的情况跟我们不一样。 **[비교]** 그들의 상황은 우리와 달라.
  Tāmen de qíngkuàng gēn wǒmen bù yíyàng.

❷ 给: 동작의 수혜자나 대상을 나타낸다.

- 他给我发了一张照片。 **[수혜자]** 그가 나에게 사진 한 장을 보냈다.
  Tā gěi wǒ fā le yì zhāng zhàopiàn.

- 妈妈给他打电话。 **[대상]** 엄마가 그에게 전화한다.
  Māma gěi tā dǎ diànhuà.

春节 Chūnjié 음력설 | 情况 qíngkuàng 상황

1. 다음 문장의 빈칸에 알맞은 전치사를 넣으세요.

① _____下星期开始，我要去健身房锻炼身体。

다음 주부터 나는 헬스장에 가서 체력을 단련할 거야.

② 医生_____我开了药，还说最好休息一天。

의사가 나에게 약을 처방하면서 하루 쉬는 게 좋다고 말했다.

③ 我家_____火车站很近。

우리 집은 기차역에서 가까워.

④ 他的情况_____我们不一样。

그의 상황은 우리와 다르다.

⑤ 昨天我在微信上_____他聊了很长时间。

어제 나는 위챗으로 그와 긴 시간 대화했다.

정답

1. ① 从 ② 给 ③ 离 ④ 跟 ⑤ 跟

健身房 jiànshēnfáng 헬스장 ┃ 锻炼 duànliàn 운동하다. 단련하다 ┃ 医生 yīshēng 의사 ┃ 开 kāi 처방하다 ┃
药 yào 약, 약품

Chapter 05

연습문제

1 그림을 보고 주어진 단어를 알맞게 배열하여 문장을 만드세요.

①

睡　两个　昨天　了　我　小时

②

每天　地铁　我　坐　学校　去　都

③

带来　我　给　小礼物　了　小李　一件

2 빈칸에 들어갈 알맞은 표현을 넣으세요.

① 他的房间里_____床、桌子、电视、空调、冰箱，看起来很不错。

② 毕业以后找什么工作，我还想_____李老师商量商量。

③ 云南离北京很远，_____北京到云南坐飞机要三个半小时。

———————————————————————————

房间 fángjiān 방 ｜ 空调 kōngtiáo 에어컨 ｜ 毕业 bìyè 졸업하다

3 다음 문장을 중국어로 번역하세요.

① 나는 베이징을 몇 번 가 봤다.

② 그가 한국에 온 지 벌써 2년이 되었다.

③ 나는 매일 지하철을 타고 학교에 간다.

④ 내가 너에게 좋은 소식 하나 알려줄게.

⑤ 그는 방에서 음악을 듣는다.

06

진행과 지속 표현하기

25 동작의 진행을 나타내는 표현 익히기

你在找我吗?

你在找我吗?
Nǐ zài zhǎo wǒ ma?
너 나를 찾고 있었니?

▶ 진행을 나타내는 在는 동사 앞에 붙인다.

---

1. **진행을 나타내는 在:** 동사 앞에 쓰여서 동작의 진행을 나타낸다.

> 我　在　玩　游戏。 나는 게임을 하고 있는 중이야.
>   　　└동사┘

- 我在查资料。 나는 자료를 찾고 있어.
  Wǒ zài chá zīliào.

- 小狗在喝水。 강아지가 물을 마시고 있다.
  Xiǎo gǒu zài hē shuǐ.

2. 在는 역동적인 진행을 나타낼 때 사용하는 표지이므로, 형용사나 움직임이 없는 심리동사, 상태동사 앞에는 쓸 수 없다.

> 나는 너를 좋아하고 있어.

- 我在喜欢你。 (✗) → 我喜欢你。 (O)
  Wǒ zài xǐhuan ni.　　　　Wǒ xǐhuan ni.

3. 来, 去와 같은 왕래동사와는 함께 쓰지 않는다.

> 그는 학교에 가고 있는 중이다.

- 他在去学校。 (✗) → 他在去学校的路上。 (O)
  Tā zài qù xuéxiào.　　　Tā zài qù xuéxiào de lùshang.

> 그는 오고 있는 중이다.

- 他在来。 (✗) → 他在回来的路上。 (O)
  Tā zài lái.　　　　Tā zài huí lái de lùshang.

查 chá (자료를) 찾다 │ 资料 zīliào 자료 │ 在……路上 zài……lùshang ~하는 길이다

4. 일반적으로 '~째 ~하고 있다'처럼 뒤에 수량구조나 시량구조가 올 때 在구문을 사용하지 않는다.

- 他在等一个小时。(✗) 그는 한 시간째 기다리고 있어.
  Tā zài děng yí ge xiǎoshí.

- 我们在吃两个小时。(✗) 우리는 두 시간째 먹고 있어.
  Wǒmen zài chī liǎng ge xiǎoshí.

- 他在喝十瓶。(✗) 그는 열 병째 마시고 있어.
  Tā zài hē shí píng.

LEVEL UP

'~째 ~하고 있다'를 나타낼 때는 ……了……了 구문을 사용한다. **Chapter 02 참조**

- 我等了一个小时了。 나는 한 시간째 기다리고 있다.
  Wǒ děng le yí ge xiǎoshí le.

- 我等他等了一个小时了。 나는 그를 한 시간째 기다리고 있다.
  Wǒ děng tā děng le yí ge xiǎoshí le.

- 我住了三年了。 나는 3년째 살고 있다.
  Wǒ zhù le sān nián le.

- 我在釜山住了三年了。 나는 부산에서 3년째 살고 있다.
  Wǒ zài Fǔshān zhù le sān nián le.

- 我吃了七个了。 나는 7개째 먹고 있다.
  Wǒ chī le qī ge le.

- 我吃橘子吃了七个了。 나는 귤을 7개째 먹고 있다.
  Wǒ chī júzi chī le qī ge le.

5. 在는 과거, 현재, 미래 시제에 모두 쓸 수 있으며, 특히 과거일 때 了를 붙이지 않는다.

- 昨天妈妈回来的时候，我在玩游戏呢。 [과거]
  Zuótiān māma huí lái de shíhou, wǒ zài wán yóuxì ne.
  어제 엄마가 돌아왔을 때, 나는 게임을 하고 있었어.

- 我在玩游戏呢。/ 我现在玩游戏呢。 [현재]
  Wǒ zài wán yóuxì ne. / Wǒ xiànzài wán yóuxì ne.
  나는 지금 게임하고 있어.

6. 전치사 在와 진행을 나타내는 在가 같이 쓰일 경우, 하나가 생략된다.

- 我在学校学习。 나는 학교에서 공부하고 있어.
  Wǒ zài xuéxiào xuéxí.

7. 呢와 같이 쓰이기도 하며, 이때 在가 생략되기도 한다.

나는 리포트를 쓰는 중이다.

- 我在写报告。/ 我写报告呢。/ 我在写报告呢。
  Wǒ zài xiě bàogào. / Wǒ xiě bàogào ne. / Wǒ zài xiě bàogào ne.

8. '~하고 있지 않다'라는 부정 표현은 没로 하며, 在는 쓰지 않는다.

- 我在写报告。　나는 리포트를 쓰는 중이다.
  Wǒ zài xiě bàogào.

- 我没写报告。　나는 리포트를 쓰고 있지 않다.
  Wǒ méi xiě bàogào.

- 我在玩游戏。　나는 게임을 하고 있다.
  Wǒ zài wán yóuxì.

- 我没玩游戏。　나는 게임을 하고 있지 않다.
  Wǒ méi wán yóuxì.

자주 틀리는 문장

■ 昨天他来的时候，我在看书了。(✗) → 昨天他来的时候，我在看书。(〇)
　❷ 진행을 나타내는 在는 과거라 하더라도 了와 함께 쓰지 않는다.

확인학습

1. 틀린 곳을 찾아 바르게 고치세요.

① 我最近在胖。　나는 요즘 살이 찌고 있다.
② 最近天气一直在热。　요즘 날씨가 줄곧 덥다.
③ 我在相信他的话。　나는 그의 말을 믿는다.
④ 我在吃三碗饭呢。　나는 밥을 세 공기째 먹고 있다.
⑤ 昨天他来找我的时候，我在写报告了。
　어제 그가 날 찾아왔을 때 나는 보고서를 쓰고 있었다.

1. ① 最近我胖了。　② 最近天气一直很热。　③ 我相信他的话。　④ 我吃了三碗了。
　⑤ 昨天他来找我的时候，我在写报告。

一直 yìzhí 줄곧

상태의 지속을 나타내는 표현 익히기

你别躺着，快起来吧。

你别躺着，快起来吧。
Nǐ bié tǎng zhe, kuài qǐlái ba.
너 누워 있지 말고, 어서 일어나.

▶ 동사 躺 뒤에 着를 붙여 '누워 있는'
상태의 지속을 나타낸다.

1. **상태의 지속을 나타내는 着:** 着는 역동적인 동작이 일어나고 있음이 아니라, 그 동작의 상태가 지속되고 있음을 나타내며, 반드시 동사 뒤에 온다. 우리말의 '~어(여) 있다'는 주로 着를 사용하여 번역한다.

 着。 문이 열려 있다.

- 门要关着还是开着？ 문을 닫아 놓을까요, 아니면 열어 놓을까요?
  Mén yào guān zhe háishi kāi zhe.

- 书桌上摆着几个杯子。 책상에 컵들이 놓여 있다.
  Shūzhuō shang bǎi zhe jǐ ge bēizi.

- 外面站着一个人。 밖에 한 사람이 서 있다.
  Wàimiàn zhàn zhe yí ge rén.

2. 신체동작동사의 상태 지속을 나타낼 때는 着를 사용한다.

- 他在椅子上坐着。 그는 의자에 앉아 있다.
  Tā zài yǐzi shang zuò zhe.

- 他在床上躺着。 그는 침대에 누워 있다.
  Tā zài chuáng shang tǎng zhe.

- 他在门前站着。 그는 문 앞에 서 있다.
  Tā zài mén qián zhàn zhe.

3. 상태의 지속을 나타내므로 '~하고 있다'를 번역할 때도 사용한다. 예를 들면, 우리말의 '옷을 입고 있다'는 두 가지 의미가 있다. 하나는 옷을 입고 있는 동작이고, 하나는 옷을 입고 있는

别 bié 하지 마라 | 躺 tǎng 눕다 | 摆 bǎi 놓다, 늘어놓다 | 外面 wàimiàn 바깥, 밖

상태의 지속이다. 중국어에서는 이 둘을 '동작의 진행'과 '상태의 지속'으로 구분한다. 동작의
진행일 때는 在를 쓰고, 상태의 지속일 때는 着를 쓴다.

- 他在穿衣服。 [동작의 진행] 그는 (지금) 옷을 입고 있다.
  Tā zài chuān yīfu.

- 他穿着白色的连帽卫衣。 [상태의 지속] 그는 흰색 후드티를 입고 있다.
  Tā chuān zhe báisè de liánmào wèiyī.

- 小狗在喝水。 [동작의 진행] 강아지가 물을 마시고 있다.
  Xiǎo gǒu zài hē shuǐ.

- 小狗在我床上躺着。 [상태의 지속] 강아지가 내 침대에 누워 있다.
  Xiǎo gǒu zài wǒ chuáng shang tǎng zhe.

그러므로, '좋아하다', '사랑하다'와 같은 상태가 지속되고 있음을 말할 때는 在를 쓸 수 없고,
着는 사용할 수 있다.

- 我一直喜欢着你，所以你向我表白的时候，我很开心。
  Wǒ yìzhí xǐhuan zhe nǐ, suǒyǐ nǐ xiàng wǒ biǎobái de shíhou, wǒ hěn kāixīn.
  나는 너를 줄곧 좋아하고 있었어. 그래서 네가 나한테 고백했을 때, 난 정말 기뻤어.

- 我一直都相信着你。
  Wǒ yìzhí dōu xiāngxìn zhe nǐ.
  나는 널 계속 믿고 있었어.

LEVEL UP

着가 들어가는 문장에서 일반적으로 수량사 주어는 문장 맨 앞에 올 수 없다. Chapter13/52 참조

- 一个人在外面站着。(✗) → 外面站着一个人。(○) 밖에 한 사람이 서 있다.
  Yí ge rén zài wàimiàn zhàn zhe.　　　 Wàimiàn zhàn zhe yí ge rén.

4. 부정 표현은 着를 생략하고, 동사 앞에 没를 붙인다. 하지만 지속의 의미가 강할 때는 着를
붙이기도 한다.

- 我拿着。 내가 가지고 있다.
  Wǒ ná zhe.

- 我没拿。 나는 가지고 있지 않다.
  Wǒ méi ná.

连帽卫衣 liánmào wèiyī 후드티

- 他唱着歌。　그는 노래를 부른다.
  Tā chàng zhe gē.

- 他没唱歌。　그는 노래를 부르지 않는다.
  Tā méi chànggē.

- 我什么都没隐瞒着。　나 아무것도 숨기는 게 없어.
  Wǒ shénme dōu méi yǐnmán zhe.

- 香烟别藏着，拿出来。　담배 감추지 마. 꺼내 놔.
  Xiāngyān bié cáng zhe, ná chūlái.

5. 과거라도 일반적으로 了를 붙이지 않는다. 과거에 이러한 상태가 지속되었음을 강조한다.

- 昨天我穿着红色的衣服。　어제 나는 붉은 색 옷을 입고 있었다.
  Zuótiān wǒ chuān zhe hóngsè de yīfu.

  昨天我穿着红色的衣服了。(✕)

- 昨天一直下着雨。 / 昨天下雨了。　어제는 줄곧 비가 내렸다.
  Zuótiān yìzhí xià zhe yǔ.　　Zuótiān xià yǔ le.

  昨天一直下着雨了。(✕)

6. 着는 동사성 성분 뒤에만 붙는다. 그러므로 이합사의 경우 동사성 성분 뒤에 붙인다.

Chapter 07/28 참조

- 他们握着手说话。　그들은 악수하면서 말하고 있다.
  Tāmen wò zhe shǒu shuōhuà.

  他们握手着说话。(✕)

확인학습

1. 다음 문장을 중국어로 말해 보세요.

① 나는 널 믿고 있어.

② 탁자에 책 몇 권이 놓여 있다.

 정답

1. ① 我相信着你。　② 桌子上放着几本书。

隐瞒 yǐnmán (어떠한 사실이나 상황을) 숨기다 ｜ 香烟 xiāngyān 담배 ｜ 藏 cáng (물건을) 숨기다, 감추다 ｜
握手 wòshǒu 악수하다

27 他笑着说，"我们一起走吧。"

他笑着说，"我们一起走吧"。
Tā xiào zhe shuō, "wǒmen yìqǐ zǒu ba".
그는 웃으면서 말했다. "우리 함께 가자"

▶ [동사₁+着+동사₂]는 '~하면서 ~하다'라는 의미로 동사₂의 상태를 유지하면서 동사₂를 진행함을 나타낸다. 동사₁은 역동적인 진행을 나타내지 않는다.

她一边唱歌，一边跳舞。
Tā yìbiān chànggē, yìbiān tiàowǔ.
그녀는 노래를 부르면서 춤을 추었다.

▶ 동시 진행되는 두 가지 동작이 모두 역동적이면 一边······一边······ 문형을 사용한다.

---

1. [동사₁+着+동사₂]: 어떤 상태를 유지하면서 다른 동작을 하는 경우에 사용한다. 상태를 유지하는 동사 뒤에 着을 붙인다. 이때 문장 끝에 了가 올 수 있다.

> 戴 着 耳机　走 路　很危险。 이어폰을 끼고 걸으면 위험해.
> _{동사₁}　　　_{동사₂}

- 上个星期天我带着朋友去参加义务劳动了。
  Shàng ge xīngqītiān wǒ dài zhe péngyou qù cānjiā yìwù láodòng le.
  지난 주 일요일에 나는 친구를 데리고 봉사 활동을 하러 갔어.

- 他拿着随行杯上班。　그는 텀블러를 들고 출근한다.
  Tā ná zhe suíxíngbēi shàngbān.

① [동사+着]가 이미 한 단어로 쓰이는 경우도 있다.

- 沿着这条路一直走就到。　이 길을 따라서 쭉 가면 도착해.
  Yán zhe zhè tiáo lù yìzhí zǒu jiù dào.

- 我一辈子跟着你。　난 한평생 너를 따라갈 거야.
  Wǒ yíbèizi gēn zhe nǐ.

② 着는 상태의 지속을 의미한다. 동작동사와 쓰였더라도 역동적인 동작을 강조하는 것이 아니라 정적인 상태를 묘사한다.

戴 dài (팔찌, 반지 등 악세서리 등을) 착용하다 | 耳机 ěrjī 이어폰 | 危险 wēixiǎn 위험하다 | 义务劳动 yìwù láodòng 봉사 활동 | 沿着 yán zhe ~을 끼고, ~에 따라서 | 一辈子 yíbèizi 한평생 | 跟着 gēn zhe 따라가다, 좇아가다

- 看着我干吗？　뭐 하러 나 쳐다봐? (나 쳐다봐서 뭐 하게?)
  Kàn zhe wǒ gàn má?

- 他一直看着微信表情包。　그는 계속해서 위챗 이모티콘을 보고 있다.
  Tā yìzhí kàn zhe Wēixìn biǎoqíngbāo.

LEVEL UP

같은 동사가 두 번 반복되면 ……着……着 문형을 사용하여 '계속 ~하다가'라고 번역한다.

- 哭着哭着就睡着了。　울다가 울다가 잠이 들었다.
  Kū zhe kū zhe jiù shuì zháo le.

- 说着说着又生气了。　계속 말하다가 또 화가 났다.
  Shuō zhe shuō zhe yòu shēngqì le.

2. 一边……一边…… : 두 가지 역동적인 동작을 동시에 할 경우에 사용한다.

- 我一边吃零食，一边看电视。　나는 간식을 먹으면서 TV를 본다.
  Wǒ yìbiān chī língshí, yìbiān kàn diànshì.

- 我们一边吃饭，一边聊天。　우리는 식사를 하면서 수다를 떨었다.
  Wǒmen yìbiān chīfàn, yìbiān liáotiān.

자주 틀리는 문장

- 他吃着饭说话。(✗) → 他一边吃饭，一边说话。(○)
  ❷ 밥을 먹는 동작과 말하는 동작 모두 역동적이므로 着가 아닌 一边……一边…… 구문을 사용한다.

확인학습

1. 다음 문장을 중국어로 말해 보세요.

① 그녀는 늘 웃으면서 이야기한다.

② 어제 나는 울면서 잠이 들었다.

③ 그는 음식을 만들면서 문자를 보낸다.

 정답

1. ① 她总是笑着说话。　② 昨天我哭着睡着了。　③ 他一边做菜，一边发短信。

睡着 shuì zháo 잠이 들다 ┃ 生气 shēngqì 화내다 ┃ 零食 língshí 간식, 군것질

Chapter 06

연습문제

1 그림을 보며 중국어로 대답해 보세요.

①

Q 她进来的时候，他在做什么？

②

Q 桌子上放着什么？

③

Q 黑板上写着什么？

④

Q 我怎么找他？他穿着什么衣服？

黑板 hēibǎn 칠판

2 다음 문장에서 틀린 부분을 바르게 고치세요.

① 从去年开始我一直在喜欢他。

② 昨天我去找他的时候，他在吃饭了。

③ 两个人在门前站着。

④ 一个娃娃摆着床上。

⑤ 他说着话吃饭。

娃娃 wáwa 인형

3 다음 문장을 한국어로 번역하세요.

① 教室的门一直开着，里边却没有人。

② 你别站着，快坐吧。

③ 别坐着作报告。

④ 他握着我的手说："你好。"

⑤ 他笑着向我走来了。

4 다음 문장을 중국어로 번역하세요.

① 나는 밥을 먹고 있다.

② 나는 PPT를 만드는 중이다.

③ 그는 시험을 보고 있다.

④ 그는 집에 돌아오는 길이다.

⑤ 그들은 세 시간째 수다를 떨고 있다.

⑥ 나는 10년째 영어를 배우고 있다.

⑦ 나는 10장째 리포트를 쓰고 있다.

⑧ 나는 그 사람을 기다리고 있다.

⑨ 침대에 어제 입었던 옷들이 널려져 있다.

⑩ 벽에 TV가 걸려 있다.

墙 qiáng 벽

07

어순 (2)

28 이합동사의 어순 이해하기

他们以前见过面。

他们终于见面了。
Tāmen zhōngyú jiànmiàn le.
그들은 결국 만났어.

▶ 이합동사는 한 단어처럼 쓰기도 하고 분리되기도 한다.

他们以前见过面。
Tāmen yǐ qián jiàn guo miàn.
그들은 예전에 만난 적이 있어.

1. **이합동사(离合动词):** 일반적으로 [동사＋목적어] 구조로 이루어진 동사를 가리키며, 대부분 2음절로 구성된다.

- 见＋面   얼굴을 보다
- 请＋假   휴가를 신청하다
- 帮＋忙   바쁜 일을 도와주다

2. **이합동사의 용법:** 경우에 따라 두 요소가 분리되어(离) 사용되기도 하고 하나로 합쳐(合) 사용되기도 하여 이합동사라고 한다. 단어 자체가 [동사+목적어] 구조로 이루어져 있으므로 뒤에 목적어를 부가할 수 없다.

- 昨天我和他初次见面了。 어제 나는 그와 처음 만났다.
  Zuótiān wǒ hé tā chū cì jiànmiàn le.
- 我们以前见过几次面。 우리는 이전에 몇 번 만난 적이 있다.
  Wǒmen yǐqián jiàn guo jǐ cì miàn.
- 我去见面朋友。(✗)

终于 zhōngyú 마침내, 결국 ┃ 请假 qǐngjià 휴가를 신청하다 ┃ 帮忙 bāngmáng 돕다 ┃ 初次 chū cì 처음, 첫 번

❶ 이합동사가 了, 着, 过와 결합할 때는 이합동사의 동사성 성분 뒤에 온다.

- 我洗了澡再睡觉。 나는 샤워하고 다시 잘 거야.
  Wǒ xǐ le zǎo zài shuìjiào.

- 他抽着烟玩手机游戏。 그는 담배를 피면서 휴대폰 게임을 한다.
  Tā chōu zhe yān wán shǒujī yóuxì.

- 小李曾经在台湾留过学。 샤오리는 타이완에서 유학한 적이 있다.
  Xiǎo Lǐ céngjīng zài Táiwān liú guo xué.

❷ 이합동사 뒤에는 목적어가 올 수 없으므로 만약 목적어를 부가하려면 전치사구로 바꾸어 이합동사 앞에 놓거나 이합동사의 두 성분 사이에 놓는다.

- 我盼望着和他见面。 나는 그와 만나기를 고대하고 있다.
  Wǒ pànwàng zhe hé tā jiànmiàn.

- 他帮过我很多忙。 그는 나를 많이 도와줬었다.
  Tā bāng guo wǒ hěn duō máng.

- 随你的便。 너 편할 대로 해.
  Suí nǐ de biàn.

❸ 이합동사의 두 성분 사이에 수량을 나타내는 성분을 추가할 수 있다.

- 他得了重感冒，请了两天假。 [请假＋两天]
  Tā dé le zhòng gǎnmào, qǐng le liǎng tiān jià.
  그는 독감에 걸려 이틀간 휴가를 냈다.

- 他游了一个小时泳。 [游泳＋一个小时]
  Tā yóu le yí ge xiǎoshí yǒng.
  그는 수영을 한 시간 동안 했다.

- 留一点儿神，可别上当。 [留神＋一点儿]
  Liú yìdiǎnr shén, kě bié shàngdàng.
  조심 좀 해, 사기 당하지 말고.

洗澡 xǐzǎo 목욕하다, 몸을 씻다 | 重感冒 zhòng gǎnmào 감기몸살, 독감 | 盼望 pànwàng 간절히 바라다 | 随便
suíbiàn 마음대로 하다 | 留神 liúshén 주의하다, 조심하다 | 上当 shàngdàng 속다, 속임수에 걸리다

- 我们以前见面过几次。(✗) → 我们以前见过几次面。(○)

- 我洗澡了再睡觉。(✗) → 我洗了澡再睡觉。(○)

- 别生气我。(✗) → 别跟我生气。/ 别生我的气。(○)

확인학습

1. 다음 대화에서 한국어 문장을 중국어로 말해 보세요.

A: 你怎么没来上班?

B: _____ (독감에 걸려서 이틀간 휴가를 냈어.)

A: 现在好点儿了吗?

B: 医生给我打了一针, 吃了一天药, 好多了。

정답

1. B: 我得了重感冒, 请了两天假。

打针 dǎzhēn 주사를 놓다, 주사를 맞다

我请你喝咖啡。

我请你喝咖啡。
Wǒ qǐng nǐ hē kāfēi.
내가 너에게 커피 살게.

▶ 你는 请의 목적어이자
喝의 주어이다.

1. 겸어문: 한 문장에서 첫 번째 동사술어의 목적어가 두 번째 술어의 주어 역할을 겸하는 문장을 가리킨다.

我 请 你。 + 你 喝 咖啡。 → 我 请 你 喝 咖啡。 제가 커피 대접할게요.
　　 목적어 　　 주어 　　　　　　　　 목적어/주어

- 请你记住我。　나를 기억해 줘.
  Qǐng nǐ jì zhù wǒ.

- 老师让我用汉语回答问题。　선생님이 나에게 중국어로 대답하게 하셨다.
  Lǎoshī ràng wǒ yòng Hànyǔ huídá wèntí.

- 这件事使我很伤心。　이 일은 나를 상심하게 만들었다.
  Zhè jiàn shì shǐ wǒ hěn shāngxīn.

2. 겸어문의 유형 분류: 먼저 오는 술어의 성격에 따라 몇 가지 유형으로 나눌 수 있다.

❶ 사역동사 겸어문: 가장 전형적인 겸어문 형식으로 '~하게 하다'라는 사역의 의미를 갖는 동사를 사용한다. 사역의 의미를 갖는 동사로는 请, 让, 叫, 使, 派 등이 있다.

- 他让我们明天去北京。　그는 우리를 내일 베이징에 가게 했다.
  Tā ràng wǒmen míngtiān qù Běijīng.

- 公司派我来韩国工作。　회사는 나를 한국에 파견해서 일하게 했다.
  Gōngsī pài wǒ lái Hánguó gōngzuò.

- 他的微笑使我感到温暖。　그의 미소가 나를 흐뭇하게 만들었다.
  Tā de wēixiào shǐ wǒ gǎndào wēnnuǎn.

记住 jì zhù 확실히 기억하다 ｜ 让 ràng ~하게 하다 ｜ 回答 huídá 대답하다 ｜ 使 shǐ ~하게 하다 ｜ 伤心 shāngxīn
상심하다 ｜ 派 pài 파견하다 ｜ 微笑 wēixiào 미소짓다 ｜ 温暖 wēnnuǎn 따뜻하다

② **호칭·인정동사 겸어문:** '어떤 사람을 ~라고 부르다' 또는 '누구를 ~으로 선출하다' 등과 같은 의미를 가지는 동사를 사용한 문장이다.

- 人们称他为国家英雄。　사람들은 그를 국가의 영웅이라고 부른다.
  Rénmen chēng tā wéi guójiā yīngxióng.

- 他们选我当班长。　그들은 나를 반장으로 뽑았다.
  Tāmen xuǎn wǒ dāng bānzhǎng.

③ **有 겸어문:** 첫 번째 오는 동사가 사람이나 사물의 존재를 나타내는 有인 문장이다.

- 我有一个朋友特别喜欢旅游。　나에게는 여행을 정말 좋아하는 친구가 있다.
  Wǒ yǒu yí ge péngyou tèbié xǐhuan lǚyóu.

- 后面有几个人笑起来了。　뒤에 몇 사람이 웃기 시작했다.
  Hòumiàn yǒu jǐ ge rén xiào qǐlái le.

- 有你在，我什么都不怕。　네가 있으면 나는 아무것도 무섭지 않아.
  Yǒu nǐ zài, wǒ shénme dōu bú pà.

3. 겸어문의 부정형: 먼저 오는 동사 앞에 '不'나 '没'를 부가한다.

- 老师不让他去北京。　선생님은 그를 베이징에 가지 못하게 했다.
  Lǎoshī bú ràng tā qù Běijīng.

- 公司没派我去美国工作。　회사는 내가 미국에 가서 근무하도록 파견하지 않았다.
  Gōngsī méi pài wǒ qù Měiguó gōngzuò.

확인학습

1. 다음 대화를 중국어로 말해 보세요.

　A: 오늘 내가 저녁 밥 살게.
　B: 좋아, 그럼 나는 커피 살게.

 정답

1. A: 今天我请你吃晚饭。　B: 好啊，那我请你喝咖啡。

称 chēng ~라고 부르다　|　选 xuǎn 고르다, 뽑다, 선출하다　|　英雄 yīngxióng 영웅　|　怕 pà 무섭다, 두렵다

30 존현문의 어순 이해하기

我们班来了一个新同学。

我们班来了一个新同学。
Wǒmen bān lái le yí ge xīn tóngxué.
우리 반에 새로운 친구가 한 명 왔어.

▶ 새로운 사람이 출현한 경우
동사 뒤에 위치한다.

---

1. **존현문의 구조:** 사람이나 사물의 존재나 출현을 나타내려면 일반적으로 문장 맨 앞에 시간
과 장소를 나타내는 표현을 쓴다. 존재하거나 출현하는 사람이나 사물은 동사 뒤에 위치한다.

> 장소·시간 어구 ······ 동사 ▶ 명사(존재·출현을 나타내는 대상)

① **존재문:** 어떤 장소에 사람이나 사물이 존재함을 나타낸다.

- 桌子上放着一本书。 책상 위에 책 한 권이 놓여 있다.
  Zhuōzi shang fàng zhe yì běn shū.

- 墙上挂着一幅画。 벽에 그림 하나가 걸려 있다.
  Qiáng shang guà zhe yì fú huà.

- 电影院门口站着几个帅哥和美女。 영화관 입구에 미남미녀가 몇 명 서 있다.
  Diànyǐngyuàn ménkǒu zhàn zhe jǐ ge shuàigē hé měinǚ.

② **출현문:** 어떤 장소에 사람이나 사물이 출현함을 나타낸다.

- 我家来了一个客人。 우리 집에 손님이 한 명 왔다.
  Wǒ jiā lái le yí ge kèrén.

- 对面走过来了一个帅哥。 맞은편에서 어떤 잘생긴 남자가 걸어왔다.
  Duìmiàn zǒu guòlái le yí ge shuàigē.

- 昨天发生了一件大事。 어제 큰 사건이 하나 발생했다.
  Zuótiān fāshēng le yí jiàn dàshì.

挂 guà 걸다 | 门口 ménkǒu 입구, 현관 | 帅哥 shuàigē 잘생긴 남자 | 美女 měinǚ 미녀 | 客人 kèrén 손님 |
对面 duìmiàn 반대편, 맞은편 | 发生 fāshēng 발생하다

LEVEL UP

"那个人来了"는 되지만 "一个人来了"가 안 되는 이유

중국어에서 문장 앞이나 동사 앞에는 일반적으로 화자나 청자가 이미 알고 있는 성분이 온다. 화자나 청자가 잘 모르는 성분은 주어 자리에 올 수 없다. 따라서 이미 알고 있는 대상은 술어 앞에 오고, 새롭게 출현하는 불특정 대상은 동사 뒤에 오는 경향이 있다. Chapter13/52 참조

자주 틀리는 문장

- 在桌子上放着一本书。(✕) → 桌子上放着一本书。(○)
  ➲ 존현문에서 문장 맨 앞에 오는 장소 표현 앞에는 전치사를 쓰지 않는다.
- 这里一个车祸发生了。(✕) → 这里发生了一个车祸。(○)

확인학습

1. 다음 문장을 중국어로 말해 보세요.

   ① 소파에 아이가 누워 있다.

   ② 칠판에 시 한 수가 적혀 있다.

 정답
   1. ① 沙发上躺着一个小孩儿。 ② 黑板上写着一首诗。

车祸 chēhuò 교통사고 │ 沙发 shāfā 소파 │ 首 shǒu 수, 곡 [시나 노래를 세는 단위] │ 诗 shī 시

31 전치사 결과보어 이해하기

我刚刚说到哪儿了?

我刚刚说到哪儿了?
Wǒ gānggāng shuō dào nǎr le?
내가 방금 어디까지 말했지?

▶ 동사 뒤에 결과보어 到가 쓰였다.

1. 동사 뒤에 오는 전치사: 동사를 수식하는 전치사구는 일반적으로 동사 앞에 오지만, 동작의 결과를 나타낼 경우 전치사구가 동사 뒤에 올 수 있다. 이를 전치사 결과보어라고 하며, 전치사구는 동작의 결과로 존재하게 되는 장소나 시간을 나타낸다. 동사 뒤에 올 수 있는 전치사로는 在와 到가 대표적이다.

2. 전치사 到: 동사 뒤에서 동작 후 도달하게 되는 장소나 시간을 나타낸다.

- 我们继续吧，刚刚说到哪儿了?　우리 계속하자, 방금 어디까지 말했지?
  Wǒmen jìxù ba, gānggāng shuō dào nǎr le?

- 那个东西已经寄到你家去了。　그 물건은 이미 너희 집으로 보냈어.
  Nàge dōngxi yǐjīng jì dào nǐ jiā qù le.

- 他每天学习到晚上十二点。　그는 매일 밤 12시까지 공부해.
  Tā měi tiān xuéxí dào wǎnshang shí'èr diǎn.

- 发到我的邮箱里。　내 메일함으로 보내줘.
  Fā dào wǒ de yóuxiāng li.

3. 전치사 在: 동사 뒤에서 동작을 통해 사람이나 사물이 어느 장소에 놓이게 됨을 나타낸다. 在 뒤에는 장소나 시간을 나타내는 성분이 온다.

- 他坐在椅子上。　그는 의자에 앉았다.
  Tā zuò zài yǐzi shang.

- 他煮好咖啡，放在桌子上了。　그는 커피를 내려서 책상 위에 놓았다.
  Tā zhǔ hǎo kāfēi, fàng zài zhuōzi shang le.

- 时间定在明天上午八点。　시간은 내일 오전 8시로 정했다.
  Shíjiān dìng zài míngtiān shàngwǔ bā diǎn.

刚刚 gānggāng 방금, 막 ㅣ 继续 jìxù 계속 ㅣ 寄 jì (우편으로) 부치다 ㅣ 邮箱 yóuxiāng 우편함 ㅣ 定 dìng 정하다

전치사 自, 于, 向은 동사 뒤에 올 수 있으며, 주로 문어체에서 사용한다.

- 我同事来自台湾。 내 직장 동료는 타이완에서 왔다.
  Wǒ tóngshì lái zì Táiwān.

- 小李毕业于北京大学。 샤오리는 베이징대학을 졸업했다.
  Xiǎo Lǐ bìyè yú Běijīng dàxué.

- 鲁迅1881年生于绍兴。 루쉰은 1881년 샤오싱에서 태어났다.
  Lǔ Xùn yī bā bā yī nián shēng yú Shàoxīng.

- 我们要走向未来。 우리는 미래를 향해 가야 한다.
  Wǒmen yào zǒu xiàng wèilái.

확인학습

1. 다음 대화에서 한국어 문장을 중국어로 말해 보세요.

   A: 小李，我们明天要搬家。

   B: _____ (어디로 이사 가는데?)

   A: 我们搬到新的社区。

   B: 太好了! 改天我也去看看。

 정답

1. B: 搬到哪儿去呢?

同事 tóngshì 동료, 함께 일하는 사람 | 鲁迅 Lǔ Xùn 루쉰 [중국 현대 문학가이자 사상가] | 生于 shēng yú ~에서 태어나다 | 绍兴 Shàoxīng 샤오싱 [중국 저장성의 도시] | 走向 zǒu xiàng ~를 향해 가다 | 未来 wèilái 미래, (멀지 않은) 장래 | 搬家 bānjiā 이사하다, 집을 옮기다 | 搬 bān 이사하다, 운반하다, 옮기다 | 社区 shèqū 지역, 구역, 공동체, 지역 사회 | 改天 gǎitiān 다른 날, 후일

32 동량보어와 시량보어의 어순 이해하기
我去过中国一次。

我去过中国一次。 / 我去过一次中国。
Wǒ qù guo Zhōngguó yí cì.　Wǒ qù guo yí cì Zhōngguó.
나는 중국에 한 번 가 본 적 있어.

▶ 고유명사 목적어는 동량보어 앞뒤 모두 올 수 있다.

1. 동량보어와 목적어의 어순: 동량보어는 동사 뒤에서 동작의 횟수를 나타내는 수량 표현이다. 동사술어 뒤에 동량보어와 목적어가 오면 동사를 반복하여 쓰거나 목적어를 동사 앞으로 전치시키는 것이 일반적이다.

我	看	这个电影	看了	好几遍。	나는 이 영화를 여러 번 봤다.
주어	동사	목적어	동사	동량보어	

(我)	这个电影	看了	好几遍。	나는 이 영화를 여러 번 봤다.
주어	목적어	동사	동량보어	

만약 목적어와 동량보어를 모두 동사 뒤에 놓는다면 목적어의 종류에 따라 어순이 달라진다.

1 목적어가 일반명사라면 동량보어 뒤에 온다.

- 他们互相交换了一下意见。　그들은 서로 의견을 교환했다.
  Tāmen hùxiāng jiāohuàn le yíxià yìjiàn.

- 昨天我给他打了一次电话。　어제 나는 그에게 전화를 한 번 했다.
  Zuótiān wǒ gěi tā dǎ le yí cì diànhuà.

- 我使用手机应用点过几次外卖。　나는 스마트폰 앱으로 배달 음식을 몇 번 주문했었다.
  Wǒ shǐyòng shǒujī yìngyòng diǎn guo jǐ cì wàimài.

互相 hùxiāng 서로, 상호 ｜ 交换 jiāohuàn 교환하다 ｜ 意见 yìjiàn 의견 ｜ 使用 shǐyòng 사용하다 ｜ 手机应用 shǒujī yìngyòng 스마트폰 앱 ｜ 点 diǎn 주문하다 ｜ 外卖 wàimài 배달 음식

② 목적어가 고유명사라면 동량보어 앞에 올 수도 있고 뒤에 올 수도 있다.

- 三年前我去过台湾一次。／ 三年前我去过一次台湾。
  Sān nián qián wǒ qù guo Táiwān yí cì. / Sān nián qián wǒ qù guo yí cì Táiwān.
  3년 전에 나는 타이완에 한 번 간 적이 있어.

③ 목적어가 대명사이면 동량보어 앞에 위치한다.

- 老师找了你好几次。 선생님이 너를 여러 번 찾았어.
  Lǎoshī zhǎo le nǐ hǎo jǐ cì.

- 他来过这儿两次。 그는 여기에 두 번 왔었어.
  Tā lái guo zhèr liǎng cì.

2. **시량보어와 목적어의 어순:** 시량보어는 동작의 지속 시간이나 경과 시간을 나타내는 표현이다. 만약 시량보어와 목적어를 같이 사용하려면 동사를 반복하여 쓰거나 목적어를 동사 앞으로 전치시키는 것이 일반적이다.

我	学	汉语	学了	两年。	나는 중국어를 2년 배웠다.
주어	동사	목적어	동사	시량보어	

我	汉语	学了	两年。	나는 중국어를 2년 배웠다.
주어	목적어	동사	시량보어	

- 我昨天上网上了两个小时。 나는 어제 두 시간 동안 인터넷을 했어.
  Wǒ zuótiān shàngwǎng shàng le liǎng ge xiǎoshí.

- 这个视频我看了半个小时。 이 영상을 나는 30분 동안 봤어.
  Zhège shìpín wǒ kàn le bàn ge xiǎoshí.

만약 목적어가 일반명사구이면 시량보어 뒤에 올 수 있고, 수량보어와 일반목적어 중간에 '的'를 부가할 수 있다.

我	学了	两年(的)	汉语。	나는 중국어를 2년 배웠다.
주어	동사	시량보어	목적어	

- 我和他打了十分钟电话。 나는 그와 10분 동안 전화를 했어.
  Wǒ hé tā dǎ le shí fēnzhōng diànhuà.

视频 shìpín 동영상

1. 다음 대화에서 한국어 문장을 중국어로 말해 보세요.

A: 小李，你看过《微微一笑很倾城》吗?

B: 当然看过，很有意思。

A: 真的值得一看吗?

B: 是啊, ＿＿＿＿＿＿＿＿＿＿＿＿＿＿ (나는 그 드라마를 두 번 봤어.)

정답

1. B: 那部连续剧我看了两遍。

值得 zhíde ～할 만한 가치가 있다 ┃ 连续剧 liánxùjù 연속극, 드라마

Chapter 07

연습문제

1 빈칸에 들어갈 알맞은 표현을 넣으세요.

① 昨天我_____他初次见面。

② 他_____过我很多忙。

③ 这些苦妈妈都_____过了。

④ 这件事_____我很伤心。

⑤ 后面_____几个人笑起来了。

⑥ 真不好意思，_____你久等了。

⑦ 黑板上写_____一首诗。

⑧ 他每天学习_____晚上十二点。

⑨ 他出生_____韩国首尔。

⑩ 山西省位_____黄河中游。

吃苦 chīkǔ 고생하다 | 出生 chūshēng 태어나다 | 首尔 Shǒu'ěr 서울 | 位 wèi 위치하다, 자리잡다 |
黄河 Huánghé 황허, 황하강 [중국의 강] | 中游 zhōngyóu 중류

2 다음 문장을 중국어로 번역하세요.

① 우리는 이전에 몇 번 만난 적이 있어.

② 그는 아침에 일어나서 산책을 나갔다.

③ 그는 독감에 걸려서 이틀간 휴가를 냈다.

④ 내가 너에게 커피 살게.

⑤ 우리 반에 새로운 친구 한 명이 왔어.

⑥ 어제 큰 사건 하나가 발생했다.

⑦ 그는 베이징대학을 졸업했다.

⑧ 나는 중국에 한 번 가 본 적이 있다.

3 다음 문장을 한국어로 번역하세요.

① 留一点儿神，可别上当。

② 他的微笑使我感到温暖。

③ 人们称他为国家英雄。

④ 对面走过来了一个帅哥。

⑤ 他们互相交换了一下意见。

4 그림을 보며 주어진 단어를 사용하여 올바른 문장을 만들어 보세요.

①

音乐　降低　听　半个小时　高血压患者　每天　血压　有助于

②

喜糖　啊　谈恋爱　已经　了　你们　两年　我们　吃
什么时候　请

降低 jiàngdī 낮추다. 떨어뜨리다 | 高血压患者 gāoxuèyā huànzhě 고혈압환자 | 有助于 yǒuzhù yú ~에 도움
이 되다 | 喜糖 xǐtáng 약혼식이나 결혼식 때 선물로 나눠 주는 사탕 | 谈恋爱 tán liàn'ài 연애하다

08

보어 활용하기(1)

我买到了特价机票。

我买**到**了特价机票。
Wǒ mǎi dào le tèjià jīpiào.
나는 특가 비행기표를 샀어.

▶ 동사 뒤에 쓰인 到는
결과보어이다.

1. **결과보어:** 동사는 동작 자체만을 나타낼 뿐 동작의 결과는 나타내지 않는다. 따라서 동작·행위의 결과를 나타내려면 동사 뒤에 다른 동사나 형용사를 써야 한다.

> 我 买了 半天， 没 **买 到。** 나는 한참을 사려고 했지만, 사지 못했다.
>   동사 결과보어

- 今天我做了一天的作业，还是没做**完。**
  Jīntiān wǒ zuò le yì tiān de zuòyè, háishi méi zuò wán.
  나는 오늘 하루 종일 과제를 했지만, 다 하지 못했다.

위 예문에서 동사 买와 做는 '사다', '하다'라는 동작 자체만을 나타내고, 동작의 결과인 사서 손에 넣었다는 의미는 到, 다 했다는 의미는 完이 나타낸다. 이렇게 동사 뒤에 쓰여 동작·행위의 결과를 알려주는 성분을 결과보어라고 한다. 중국어에는 결과보어가 매우 발달하였으며, 회화에서 자주 사용된다.

2. **동사가 결과보어로 쓰인 경우**

- 我拿**到**驾照了。 [목적 달성] 나 운전면허증 땄어.
  Wǒ ná dào jiàzhào le.

- 星期天我平常睡**到**自然醒。 [어떤 시점에 도달] 일요일에는 보통 깰 때까지 자.
  Xīngqītiān wǒ píngcháng shuì dào zìrán xǐng.

- 我说的你都记**住**了吗? [고정] 내가 말한 거 다 기억했니?
  Wǒ shuō de nǐ dōu jì zhù le ma?

特价 tèjià 특가 | 机票 jīpiào 비행기표 | 半天 bàntiān 한나절, 한참 동안 | 驾照 jiàzhào 운전면허증 |
平常 píngcháng 평소 | 自然醒 zìrán xǐng 충분히 자고 저절로 깨다

- 我刚才叫你吃晚饭，没听见吧？ [감각] 방금 너보고 밥 먹으라고 했는데 못 들었지?
  Wǒ gāngcái jiào nǐ chī wǎnfàn, méi tīng jiàn ba?

- 毕业论文终于写完了。 [완성] 졸업 논문을 드디어 다 썼어.
  Bìyè lùnwén zhōngyú xiě wán le.

- 老师说的话你都听懂了吗？ [이해] 선생님이 하는 말 모두 알아들었니?
  Lǎoshī shuō de huà nǐ dōu tīng dǒng le ma?

- 请关上窗户。 [두 개 이상의 사물이 접촉] 창문을 닫아 주세요.
  Qǐng guān shàng chuānghu.

- 手机放在桌子上。 [이동 후 장소] 휴대폰은 책상 위에 놓으세요.
  Shǒujī fàng zài zhuōzi shang.

- 用过的口罩就扔掉。 [분리되어 소실] 사용한 마스크는 버리세요.
  Yòng guo de kǒuzhào jiù rēng diào.

3. 형용사가 결과보어로 쓰인 경우

- 我报告还没写好。 [만족할 정도로 완성] 나 리포트 아직 다 못 썼어.
  Wǒ bàogào hái méi xiě hǎo.

- 装修弄好了。 [만족할 정도로 완성] 인테리어를 다 했다.
  Zhuāngxiū nòng hǎo le.

- 不好意思，我来晚了。 [늦음] 죄송합니다. 제가 늦었어요.
  Bù hǎoyìsi, wǒ lái wǎn le.

- 这地方我刚打扫干净。 [깨끗해짐] 여기는 제가 방금 깨끗이 청소했어요.
  Zhè dìfang wǒ gāng dǎsǎo gānjìng.

- 请你说清楚一点。 [명확해짐] 좀 분명하게 말씀해 주세요.
  Qǐng nǐ shuō qīngchu yìdiǎn.

- 凉的吃多了。 [많음] 찬 것을 너무 많이 먹었다.
  Liáng de chī duō le.

- 小王做错了两道题。 [틀림] 샤오왕은 두 문제를 틀렸어.
  Xiǎo Wáng zuò cuò le liǎng dào tí.

- 这个月的工资都花光了。 [남지 않고 모두 없어짐] 이번 달 월급을 다 써버렸다.
  Zhège yuè de gōngzī dōu huā guāng le.

论文 lùnwén 논문 | 口罩 kǒuzhào 마스크 | 扔 rēng 버리다 | 装修 zhuāngxiū 인테리어, 장식하다 | 打扫 dǎsǎo 청소하다 | 干净 gānjìng 깨끗하다 | 道 dào 개, 문항 [요리 가짓수나 문제를 세는 단위] | 题 tí 문제 | 工资 gōngzī 임금 | 花 huā 소비하다, 쓰다 | 光 guāng 조금도 남지 않다, 전혀 없다

4. 결과보어의 부정형과 의문형

- 听懂了。 듣고 이해했다.
  Tīng dǒng le.

  부정문: 没(有)听懂。 듣고 이해하지 못했다.
  Méi (yǒu) tīng dǒng.

  의문문: 听懂了吗？ / 听懂了没有？ 듣고 이해했니?
  Tīng dǒng le ma? / Tīng dǒng le méi yǒu?

- 吃完了。 다 먹었다.
  Chī wán le.

  부정문: 没(有)吃完。 다 먹지 못했다.
  Méi (yǒu) chī wán.

  의문문: 吃完了吗？ / 吃完了没有？ 다 먹었니?
  Chī wán le ma? / Chī wán le méi yǒu?

자주 틀리는 문장

- 我没听见了。(✗) → 我没听见。(〇)
- 我看书完了。(✗) → 我看完书了。(〇)
- 什么意思？我不听懂。(✗) → 什么意思？我没听懂。(〇)

확인학습

1. 다음 대화에서 한국어 문장을 중국어로 말해 보세요.

   A: 这本书终于看完了。

   B: 都看懂了吗？

   A: ＿＿＿＿＿＿＿＿＿＿＿＿＿＿＿＿ (어떤 부분은 이해했는데, 어떤 부분은 이해하지 못했어.)

   B: 给我看看吧。

   A: 好，给你。

   1. A: 有的看懂了，有的没看懂。

34 동작의 진행 방향을 나타내는 표현 익히기

外面很冷，咱们快进去吧。

外面很冷，咱们快进去吧。
Wàimiàn hěn lěng, zánmen kuài jìn qù ba.
바깥이 춥네. 우리 빨리 들어가자.

▶ 동사 进 뒤에 방향보어
去가 쓰였다.

你先进去吧，我跟着你进去。
Nǐ xiān jìn qù ba, wǒ gēnzhe nǐ jìn qù.
먼저 들어가. 곧 따라 들어갈게.

1. **방향보어:** 동사 뒤에 쓰여 동사의 동작 진행 방향을 나타낸다. 동작의 진행 방향이 화자를 향하면 동사 뒤에 来를, 화자에게서 멀어지면 동사 뒤에 去를 쓴다. 우리말에서 '뛰어 가다', '뛰어 오다'라고 말하는 것과 비슷하다.

❶ 화자에게 가까워지면 来를 쓴다.

- 请你过来一下。　잠깐 와 보세요.
  Qǐng nǐ guò lái yíxià.

- 快进来歇会儿吧。　빨리 들어와서 좀 쉬세요.
  Kuài jìn lái xiē huìr ba.

❷ 화자에게서 멀어지면 去를 쓴다.

- 请你进去。　들어가세요.
  Qǐng nǐ jìn qù.

- 我马上过去。　금방 갈게요.
  Wǒ mǎshàng guò qù.

❸ 去와 来 외에 上, 下, 进, 出, 回, 过, 起, 开도 단독으로 동사 뒤에서 보어로 쓰여 동작의 다양한 진행 방향을 나타낸다.

歇 xiē 쉬다 ｜ 马上 mǎshàng 곧, 즉시, 금방

- 老张终于爬<u>上</u>了山顶。　라오장은 결국 산 정상에 올랐다.
  Lǎo Zhāng zhōngyú pá shàng le shāndǐng.

- 东西先放<u>下</u>。　물건을 일단 내려놓으세요.
  Dōngxi xiān fàng xià.

- 小狗能不能带<u>进</u>餐厅?　강아지를 식당에 데리고 들어갈 수 있나요?
  Xiǎo gǒu néng bu néng dài jìn cāntīng?

- 他走<u>出</u>了教室。　그는 교실을 걸어 나갔다.
  Tā zǒu chū le jiàoshì.

- 用过的东西放<u>回</u>原处。　사용한 물건은 원래 위치에 놓아주세요.
  Yòng guo de dōngxi fàng huí yuánchù.

- 我们错<u>过</u>站了。　우리는 역을 지나쳤어.
  Wǒmen cuò guò zhàn le.

- 我从地上捡<u>起</u>了好几张照片。　나는 땅에서 사진 몇 장을 주웠다.
  Wǒ cóng dìshang jiǎn qǐ le hǎo jǐ zhāng zhàopiàn.

- 你的鞋带散<u>开</u>了。　너 신발 끈 풀렸어.
  Nǐ de xiédài sǎn kāi le.

④ 동사 뒤에 장소목적어가 올 때, 방향보어로 来, 去가 쓰이면 장소목적어는 동사와 보어 사이에 온다.

| 동사 | 장소목적어 | 来 / 去 |

- 他回老家去了。　그는 고향으로 돌아갔다.
  Tā huí lǎojiā qù le.

- 他上山去了。　그는 산으로 올라갔다.
  Tā shàng shān qù le.

방향보어로 上, 下, 进, 出, 会, 过, 起, 开가 쓰이면 목적어는 방향보어 뒤에 온다.

| 동사 | 上 / 下 / 进 / 出 / 会 / 过 / 起 / 开 | 장소목적어 |

- 学生们走进了教室。　학생들이 교실로 걸어 들어왔다.
  Xuéshēngmen zǒu jìn le jiàoshì.

爬 pá 오르다, 기어오르다 ｜ 山顶 shāndǐng 산 정상 ｜ 餐厅 cāntīng 식당 ｜ 原处 yuánchù 제자리 ｜ 错 cuò 놓치다 ｜
捡 jiǎn 줍다 ｜ 鞋带 xiédài 신발 끈 ｜ 散 sǎn 느슨해지다, 흩어지다

⑤ 동작이 완료되지 않은 명령문에서 일반목적어는 동사와 방향보어 사이에 온다.

- 服务员，麻烦你拿几个打包袋来。
  Fúwùyuán, máfan nǐ ná jǐ ge dǎbāodài lái.
  여기요, 죄송하지만, 테이크아웃 봉지 몇 개만 갖다 주세요.

동작이 완료되었다면 일반목적어는 방향보어 앞뒤 모두에 올 수 있다.

- 他发来了一封邮件。　그는 편지 한 통을 보내왔다.
  Tā fā lái le yì fēng yóujiàn

- 他发了一封邮件来。　그는 편지 한 통을 보내왔다.
  Tā fā le yì fēng yóujiàn lái.

자주 틀리는 문장

- 他下去楼了。(✗) → 他下楼去了。(○)
- 我同屋回去中国了。(✗) → 我同屋回中国去了。(○)
- 快给我拿来一杯水。(✗) → 快给我拿一杯水来。(○)

확인학습

1. 다음 문장을 방향보어 来와 去를 사용하여 중국어로 말해 보세요.

　① 형이 편의점에서 음료수 두 병을 사왔다.
　② 그는 혼자 집으로 돌아갔다.

 정답
　1. ① 哥哥从便利店买来了两瓶饮料。　② 他一个人回家去了。

麻烦 máfan 번거롭게 하다, 폐를 끼치다　|　打包袋 dǎbāodài 테이크아웃용 봉지　|　邮件 yóujiàn 우편　|　下楼 xiàlóu
(위층에서) 내려가다　|　饮料 yǐnliào 음료

35 这是我从中国带过来的特产，大家尝尝吧。

这是我从中国带过来的特产，大家尝尝吧。
Zhè shì wǒ cóng Zhōngguó dài guòlái de tèchǎn, dàjiā chángchang ba.
이건 제가 중국에서 가져온 특산품이에요. 모두들 맛보세요.

▶ 동사 带 뒤에 복합방향보어 过来가 쓰였다.

1. **복합방향보어**: 두 개의 단순방향보어가 결합된 것으로 더 분명한 동작의 진행방향을 나타낼 수 있다. 上, 下, 进, 出, 回, 过, 起, 开와 같은 방향동사가 각각 来, 去와 결합하여 복합방향보어를 구성한다.

	上	下	进	出	回	过	起	开
来	上来	下来	进来	出来	回来	过来	起来	开来
去	上去	下去	进去	出去	回去	过去	-	-

- 你们快爬上来吧！ 너희 빨리 올라와!
  Nǐmen kuài pá shànglái ba!

- 他已经爬上去了。 그는 이미 올라갔다.
  Tā yǐjīng pá shàngqù le.

- 他很快就跑下来了。 그는 빠르게 뛰어내려왔다.
  Tā hěn kuài jiù pǎo xiàlái le.

- 咱们还是走下去吧。 우리 그냥 걸어 내려가자.
  Zánmen háishi zǒu xiàqù ba.

- 你同屋什么时候搬进来？ 네 룸메이트 언제 이사 들어와?
  Nǐ tóngwū shénme shíhou bān jìnlái?

- 他明天搬进去。 그는 내일 이사 들어가.
  Tā míngtiān bān jìnqù.

特产 tèchǎn 특산품 | 尝 cháng 맛보다

- 老师拿<u>出来</u>了一本书。　선생님은 책 한 권을 꺼냈다.
  Lǎoshī ná chūlái le yì běn shū.

- 小狗偷偷地跑<u>出去</u>了。　강아지가 몰래 뛰어 나가버렸다.
  Xiǎo gǒu tōutōu de pǎo chūqù le.

- 那<u>些</u>书别放<u>回去</u>了。　그 책들 갖다 놓지 마세요.
  Nàxiē shū bié fàng huíqù le.

- 这封信退<u>回来</u>了。　이 편지가 되돌아왔다.
  Zhè fēng xìn tuì huílái le.

- 小李跑<u>过来</u>了。　샤오리가 뛰어왔다.
  Xiǎo Lǐ pǎo guòlái le.

- 等一下，我给你送<u>过去</u>。　잠깐만, 내가 너에게 가져다 줄게.
  Děng yíxià, wǒ gěi nǐ sòng guòqù.

- 大家都站<u>起来</u>了。　모두들 일어섰다.
  Dàjiā dōu zhàn qǐlái le.

- 病毒已经蔓延<u>开来</u>了。　바이러스가 이미 퍼져나갔다.
  Bìngdú yǐjīng mànyán kāilái le.

2. 복합방향보어의 부정형과 의문형

- 跑进来。　뛰어 들어오다.
  Pǎo jìnlái.

  부정문: 没有跑进来。　뛰어 들어오지 않았다.
  Méi yǒu pǎo jìnlái.

  의문문: 跑进来了吗? / 跑进来了没有?　뛰어 들어왔니?
  Pǎo jìnlái le ma? / Pǎo jìnlái le méi you?

3. 복합방향보어의 파생 의미

- 天气暖和<u>起来</u>了。　**[시작]** 날씨가 따뜻해지기 시작했다.
  Tiānqì nuǎnhuo qǐlái le.

- 他的英文名字我想<u>起来</u>了。　**[기억을 떠올림]** 그의 영문 이름이 생각났다.
  Tā de Yīngwén míngzi wǒ xiǎng qǐlái le.

偷偷 tōutōu 남몰래, 살짝 ｜ 退 tuì 반환하다 ｜ 病毒 bìngdú 바이러스 ｜ 蔓延 mànyán 널리 퍼지다 ｜ 暖和 nuǎnhuo 따듯하다

- 坐下来休息一下吧。 [위치 고정]
  Zuò xiàlái xiūxi yíxià ba.
  앉아서 좀 쉬세요.

- 每天晨跑一个小时，我都坚持下来了。 [현재까지 지속]
  Měi tiān chénpǎo yí ge xiǎoshí, wǒ dōu jiānchí xiàlái le.
  매일 한 시간씩 아침 조깅하는 것을 나는 꾸준히 지켜왔다.

- 一定要坚持下去! [앞으로 유지해나감]
  Yídìng yào jiānchí xiàqù!
  반드시 견뎌내야 해!

- 你的声音我能听出来。 [분별]
  Nǐ de shēngyīn wǒ néng tīng chūlái.
  네 목소리를 난 들으면 알 수 있어.

- 这个主意是他想出来的。 [새롭게 만들어 냄]
  Zhège zhǔyi shì tā xiǎng chūlái de.
  이 아이디어는 그가 생각해낸 것이다.

- 他终于醒过来了。 [정상적 상태가 됨]
  Tā zhōngyú xǐng guòlái le.
  그는 마침내 깨어났다.

- 他突然晕过去了。 [비정상적 상태가 됨]
  Tā tūrán yūn guòqù le.
  그는 갑자기 기절했다.

LEVEL UP

이합사와 방향보어 위치

이합사와 방향보어를 함께 쓸 때에는 이합사와 了, 着, 过의 위치처럼 방향보어도 동사성 성분 뒤에 오고, 来는 이합사의 명사성 성분 뒤에 온다.

- 外面突然刮起风来了。 밖에 갑자기 바람이 불기 시작했다.
  Wàimiàn tūrán guā qǐ fēng lái le.

- 他一唱完，大家都鼓起掌来了。 그가 노래를 다 부르자마자 모두 박수를 치기 시작했다.
  Tā yí chàng wán, dàjiā dōu gǔ qǐ zhǎng lái le.

晨跑 chénpǎo 아침 조깅 | 坚持 jiānchí 끝까지 버티다 | 一定 yídìng 반드시, 꼭, 분명히 | 声音 shēngyīn 소리, 목소리 | 主意 zhǔyi 생각, 아이디어 | 醒 xǐng 깨다 | 突然 tūrán 갑자기 | 晕 yūn 기절하다, 어지럽다 | 刮风 guāfēng 바람이 불다 | 鼓掌 gǔzhǎng 박수 치다

- 比赛一开始，就下雨起来了。(✗) → 比赛一开始，就下起雨来了。(O)
- 他叫什么来着? 啊，我想出来了! (✗) → 他叫什么来着? 啊，我想起来了! (O)

확인학습

1. 다음 빈칸에 알맞은 방향보어를 쓰세요.

① 那套房子租_____了吗?　그 집 세 나갔나요?

② 前面的车突然停_____了。　앞에 차가 갑자기 멈춰 섰다.

③ 她休息了几天，很快就恢复_____了。　그녀는 며칠 쉬고 나서 빠르게 회복되었다.

정답

1. ① 出去　② 下来　③ 过来

比赛 bǐsài 시합, 시합하다 ｜ 租 zū 세놓다, 임차하다 ｜ 停 tíng 멈추다, 서다, 정지하다 ｜ 恢复 huīfù 회복하다

연습문제

1 그림을 보며 결과보어와 방향보어를 사용하여 중국어 문장을 만들어 보세요.

2 다음 문장을 중국어로 번역하세요.

① 보고서를 아직 다 못 썼다.

② 오늘 9시까지 자는 바람에 늦게 왔어요.

③ 들어와서 차 드세요.

④ 내 룸메이트가 미국으로 돌아갔어요.

⑤ 우리는 걸어 올라갔다.

⑥ 날씨가 더워지기 시작했다.

⑦ 그는 나를 보고서는 나에게 뛰어왔다.

向……跑 xiàng……pǎo ~를 향하여 달리다

3 대화를 읽고 보어를 활용하여 빈칸에 알맞은 중국어 표현을 넣으세요.

① A: 你的同屋呢? 我来了好几次都没_____他。
   룸메이트는? 몇 번을 왔는데도 그를 만나지 못했어.

   B: 他早就回国了。
   벌써 귀국했어.

② A: 小李，我这个月开始在外交部工作。
   샤오리, 나 이번 달부터 외교부에서 일하게 됐어.

   B: 太好了，_____那么好的工作。
   잘 됐다. 그렇게 좋은 직장을 찾았다니.

   A: 谢谢，今天我请客。
   고마워, 오늘 내가 쓸게.

回国 huíguó 귀국하다 | 外交部 wàijiāobù 외교부 | 请客 qǐngkè 손님을 초대하다, 한턱내다

4 다음 책 제목에 어떤 보어가 쓰였는지 설명해 보세요.

①

②

09

보어 활용하기 (2)

36 결과보어를 활용한 가능보어 형태 익히기

我以前看过京剧，但我听不懂。

我以前看过京剧，但我听不懂。
Wǒ yǐqián kàn guo jīngjù, dàn wǒ tīng bu dǒng.
예전에 경극을 본 적이 있지만 못 알아들어.

▶ 동사와 결과보어 사이에 不를 넣어 가능보어의 부정형이 되었다.

---

1. **결과보어를 활용한 가능보어:** 동작을 행한 후에 그 결과에 도달 가능한지 여부를 나타내는 표현이다. 주로 동사와 결과보어 사이에 不나 得를 부가한다. 不가 쓰이면 '할 수 없다'의 의미이고, 得가 쓰이면 '할 수 있다'의 의미를 나타낸다.

听 + 懂 → 听 + 不/得 + 懂
동사 결과보어   동사   결과보어

- 我听得懂粤语。　나는 광둥어를 알아들어요.
  Wǒ tīng de dǒng Yuèyǔ.

- 他的邮件地址我记不住。　그의 이메일 주소를 나는 기억하지 못해.
  Tā de yóujiàn dìzhǐ wǒ jì bu zhù.

- 一个小时做不完。　한 시간 안에 다 할 수 없다.
  Yí ge xiǎoshí zuò bu wán.

가능보어는 부정형이 더 자주 쓰인다.

- 我以前看过京剧，但我听不懂。　나는 예전에 경극을 본 적이 있지만 알아들을 수 없었어.
  Wǒ yǐqián kàn guo jīngjù, dàn wǒ tīng bu dǒng.

- 这几天晚上我睡不着。　요 며칠 밤에 잠을 이룰 수 없어.
  Zhè jǐ tiān wǎnshang wǒ shuì bu zháo.

- 这样的东西现在有钱也买不到。　이런 물건은 이제 돈이 있어도 못 사요.
  Zhèyàng de dōngxi xiànzài yǒu qián yě mǎi bu dào.

京剧 jīngjù 경극 ｜ 粤语 Yuèyǔ 광둥어(Cantonese) [홍콩, 마카오 등 중국 남부지역에서 사용되는 방언] ｜
邮件地址 yóujiàn dìzhǐ 이메일 주소

2. **가능보어의 의문형:** 문장 끝에 吗를 붙이거나 가능보어의 긍정형과 부정형을 병렬한다.

- 听得懂吗? / 听得懂听不懂?　알아들을 수 있니?
  Tīng de dǒng ma? / Tīng de dǒng tīng bu dǒng?

- 吃得完吗? / 吃得完吃不完?　다 먹을 수 있니?
  Chī de wán ma? / Chī de wán chī bu wán?

- 记得住吗? / 记得住记不住?　기억할 수 있니?
  Jì de zhù ma? / Jì de zhù jì bu zhù?

자주 틀리는 문장

- 这篇中文小说我看得不懂。(✗) → 这篇中文小说我看不懂。(○)
- 老师儿化很严重，我不能听懂。(✗) → 老师儿化很严重，我听不懂。(○)
- 最近压力很大，每天都睡觉不着。(✗) → 最近压力很大，每天都睡不着觉。(○)

확인학습

1. 다음 대화에서 한국어 문장을 중국어로 말해 보세요.

A: 我们三个人，点三道热菜应该够了吧。

B: 我看三个人吃不够。

A: ＿＿＿＿＿＿＿＿＿＿＿＿＿ (다 못 먹으면 어떡해?)

B: 打包。

 정답

1. A: 吃不完怎么办?

儿化 érhuà 얼화 [글자 뒤에 儿을 붙여서 발음하는 것] ｜ 严重 yánzhòng 심각하다 ｜ 压力 yālì 스트레스, 압박 ｜ 热菜
rècài (익힌) 요리 ｜ 够 gòu 충분하다, 넉넉하다 ｜ 打包 dǎbāo 포장하다

37 방향보어를 활용한 가능보어 형태 익히기
一点儿都看不出来。

一会儿就要面试了，我好紧张。
Yíhuìr jiù yào miànshì le, wǒ hǎo jǐnzhāng.
잠시 후면 면접이야. 나 너무 떨려.

没事儿，一点儿都看**不**出来。
Méi shìr, yìdiǎnr dōu kàn bu chūlái.
괜찮아. 전혀 티 안나.

▶ 동사 看과 방향보어 出来
사이에 不를 넣어 가능보어의
부정형을 만든다.

1. **방향보어를 활용한 가능보어**: 가능보어를 사용할 때 결과보어뿐만 아니라 방향보어도 활용할 수 있다. 동사와 방향보어 사이에 不나 得를 부가하여 不가 쓰이면 '~할 수 없다'의 의미를 나타내고, 得가 쓰이면 '~할 수 있다'의 의미를 나타낸다.

$$\underset{\text{동사}}{回} + \underset{\text{방향보어}}{来} \quad \rightarrow \quad \underset{\text{동사}}{回} + \underset{}{不/得} + \underset{\text{방향보어}}{来}$$

- 他的声音我一听就能听得出来。   그의 목소리는 난 들으면 바로 알아차릴 수 있어.
  Tā de shēngyīn wǒ yì tīng jiù néng tīng de chūlái.

- 这包太小，东西都装不下。   가방이 너무 작아서 물건을 다 담을 수 없어.
  Zhè bāo tài xiǎo, dōngxi dōu zhuāng bu xià.

회화에서는 가능보어의 부정형이 더 자주 쓰인다.

- 这把椅子三个人坐不下。   이 의자에 세 명은 못 앉아.
  Zhè bǎ yǐzi sān ge rén zuò bu xià.

- 我加不上你，你加我吧。   난 네가 (친구로) 추가가 안 돼. 네가 나를 추가해.
  Wǒ jiā bu shàng nǐ, nǐ jiā wǒ ba.

- 这首歌的名字叫什么？我想不起来了。   이 노래 제목이 뭐였지? 나 생각이 안 나네.
  Zhè shǒu gē de míngzi jiào shénme? Wǒ xiǎng bu qǐlái le.

要……了 yào……le ~할 것이다 ┃ 面试 miànshì 면접시험 ┃ 紧张 jǐnzhāng 긴장하다 ┃ 装 zhuāng (물건을) 담다 ┃
把 bǎ 개 [의자를 세는 단위] ┃ 加 jiā (친구로) 추가하다

- 电脑显示屏显示不出来了。
  Diànnǎo xiǎnshìpíng xiǎnshì bu chūlái le.
  컴퓨터 모니터에 아무것도 보이지 않아.

- 你不改变饮食习惯只靠运动，根本瘦不下来。
  Nǐ bù gǎibiàn yǐnshí xíguàn zhǐ kào yùndòng, gēnběn shòu bu xiàlái.
  식습관을 고치지 않고 운동에만 의지해서는 절대 살을 뺄 수 없어.

- 这个问题他回答不出来。
  Zhège wèntí tā huídá bu chūlái.
  이 문제는 그가 대답할 수 없다.

가능보어 부정형과 不能은 우리말로 모두 '~할 수 없다'로 번역된다. 그러나 不能은 '금지'의 의미를 나타내므로 '상황이 여의치 않음'을 나타내는 가능보어 부정형과는 다르다.

- 我没钥匙，进不去。　나는 열쇠가 없어서 들어갈 수 없어.
  Wǒ méi yàoshi, jìn bu qù.

- 你没票，不能进去。　당신은 표가 없으니 들어갈 수 없습니다.
  Nǐ méi piào, bù néng jìn qù.

2. **가능보어의 의문형**: 문장 끝에 吗를 붙이거나 가능보어의 긍정형과 부정형을 병렬한다.

- 回得来吗? / 回得来回不来?　돌아올 수 있니?
  Huí de lái ma? / Huí de lái huí bu lái?

- 走得出去吗? / 走得出去走不出去?　걸어나갈 수 있니?
  Zǒu de chūqù ma? / Zǒu de chūqù zǒu bu chūqù?

- 装得下吗? / 装得下装不下?　담을 수 있니?
  Zhuāng de xià ma? / Zhuāng de xià zhuāng bu xià?

显示屏 xiǎnshìpíng 모니터 ｜ 显示 xiǎnshì 나타나다 ｜ 改变 gǎibiàn 변하다, 바뀌다 ｜ 饮食习惯 yǐnshí xíguàn 식습관 ｜ 靠 kào 의지하다, 기대다 ｜ 根本 gēnběn 근본적으로 ｜ 钥匙 yàoshi 열쇠

1. 다음 빈칸에 이어질 말을 가능보어를 사용하여 중국어로 말해 보세요.

　① 原来我知道他叫什么, _____

　　원래는 그의 이름을 알았는데, 지금은 생각나지 않아.

　② 这个西瓜太大了, _____

　　이 수박은 너무 커서 우리 셋이 다 못 먹어.

2. 다음 한국어 문장을 바르게 번역한 것을 찾으세요.

　① 물건이 너무 많아서 트렁크에 다 넣을 수 없어.

　　ⓐ 东西太多, 行李箱装不下。　　　ⓑ 东西太多, 行李箱不能装。

　② 위내시경 전에는 음식을 섭취해서는 안 됩니다.

　　ⓐ 做胃镜前吃不了东西。　　　ⓑ 做胃镜前不能吃东西。

정답

1. ① 现在想不起来。　② 我们三个人吃不完。

2. ① ⓐ　② ⓑ

行李箱 xínglixiāng 트렁크, 여행용 가방 ｜ 胃镜 wèijìng 위내시경

38 고정 표현으로 쓰이는 가능보어 익히기

我每天都差不多十一点睡。

我每天都差不多十一点睡。
Wǒ měi tiān dōu chà bu duō shíyī diǎn shuì.
난 매일 대략 11시쯤 자.

▶ 差不多는 가능보어 부정형으로 직역하면 '차이가 크지 않다'이지만, 실제로는 '대략', '거의 다 되다', '그럭저럭' 등의 의미로 쓰인다.

일부 가능보어 부정형 표현은 고정 표현처럼 굳어져서 하나의 단어로 인식되기도 한다. 대표적인 예가 对不起이다. 对不起는 가능보어 부정형 표현이고, 긍정형은 对得起이다. 이렇게 한 단어처럼 쓰이는 가능보어 표현은 일상 회화에서 매우 자주 사용된다.

1. [不/得＋了 liǎo]: '~할 수 없다/있다'의 의미를 나타낸다.

- 这么大的雾霾，我真受不了了。　이렇게 심한 미세먼지는 정말 견디기 힘들다.
  Zhème dà de wùmái, wǒ zhēn shòu bu liǎo le.
  ◈ 受不了 참을 수 없다 ↔ 受得了 참을 수 있다

- 别给我盛太多饭，我吃不了那么多。　밥을 많이 담지 마세요. 저는 그렇게 많이 못 먹어요.
  Bié gěi wǒ chéng tài duō fàn, wǒ chī bu liǎo nàme duō.
  ◈ 吃不了 먹을 수 없다 ↔ 吃得了 먹을 수 있다

2. [不/得＋起]: '~할 경제적 능력이 없다/있다'의 의미를 나타낸다.

- 这房子我买不起。　전 (돈이 없어서) 이 집을 살 수 없어요.
  Zhè fángzi wǒ mǎi bu qǐ.
  ◈ 买不起 살 능력이 안 된다 ↔ 买得起 살 능력이 된다

- 这菜太贵了，吃不起。　이 요리는 너무 비싸서 못 먹겠어요.
  Zhè cài tài guì le, chī bu qǐ.
  ◈ 吃不起 사 먹을 능력이 안 된다 ↔ 吃得起 사 먹을 능력이 된다

差不多 chà bu duō 대강, 대체로, 거의 비슷하다 ┃ 雾霾 wùmái 미세먼지 ┃ 盛 chéng (용기에) 담다

3. [得/不＋来]: '사이가 좋다/좋지 않다', '호흡이 잘 맞다/맞지 않다'라는 의미를 나타낸다.

- 我们第一次见面就很谈得来。 우리는 만나자마자 말이 잘 통한다.
  Wǒmen dì yī cì jiànmiàn jiù hěn tán de lái.

  ⊗ 谈得来 말이 잘 통한다 ↔ 谈不来 말이 잘 안 통한다

- 他们俩合得来。 쟤네 둘은 호흡이 잘 맞다.
  Tāmen liǎ hé de lái.

  ⊗ 合得来 호흡이 잘 맞다 ↔ 合不来 호흡이 잘 안 맞다

4. 자주 쓰는 가능보어 관용 표현

- 大家快一点! 我们时间来不及了。 여러분 서둘러 주세요! 우리는 시간이 많이 없어요.
  Dàjiā kuài yìdiǎn! Wǒmen shíjiān lái bu jí le.

- 现在去还来得及赶上末班车。 지금 가면 막차 시간에 맞출 수 있다.
  Xiànzài qù hái lái de jí gǎn shàng mòbānchē.

  ⊗ 来不及 시간에 맞추기 어렵다 ↔ 来得及 시간에 맞출 수 있다

- 三个人点四道菜差不多吧。 세 명이 요리 네 개 주문하면 대충 되겠지?
  Sān ge rén diǎn sì dào cài chà bu duō ba.

  ⊗ 差不多 거의 비슷하다 ↔ 差得多 차이가 크다

- 真舍不得离开北京。 베이징을 떠나기 정말 아쉽다.
  Zhēn shě bu dé líkāi Běijīng.

  ⊗ 舍不得 미련이 남다 ↔ 舍得 미련이 없다

- 怪不得这家餐厅生意这么好。 어쩐지 이 음식점 장사가 정말 잘 되더라.
  Guài bu dé zhè jiā cāntīng shēngyi zhème hǎo.

  ⊗ 怪不得 어쩐지

- 他们都很了不起! 쟤네 모두 정말 대단해!
  Tāmen dōu hěn liǎo bu qǐ!

  ⊗ 了不起 대단하다

- 不要看不起任何人。 어느 누구도 무시하지 마라.
  Bú yào kàn bu qǐ rènhé rén.

  ⊗ 看不起 무시하다, 얕보다

赶 gǎn (열차, 버스 등) 시간에 맞추다 ┃ 末班车 mòbānchē 막차 ┃ 离开 líkāi 떠나다 ┃ 生意 shēngyi 장사, 영업 ┃
任何 rènhé 어떠한

1. 다음 빈칸에 알맞은 가능보어 관용 표현을 쓰세요.

① 邻居太吵，我们实在_____了。

   이웃이 너무 시끄러워서 난 정말 견딜 수 없다.

② 不好意思，明天的会议我_____。

   죄송합니다만, 내일 회의는 못 갈 것 같습니다.

③ 真_____离开成都。

   청두를 떠나기가 너무 아쉬워요.

정답

1. ① 受不了 ② 去不了 ③ 舍不得

邻居 línjū 이웃 ｜ 吵 chǎo 시끄럽다 ｜ 实在 shízài 정말, 참으로 ｜ 会议 huìyì 회의 ｜ 成都 Chéngdū 청두 [쓰촨성의 도시]

Chapter 09

연습문제

1 그림을 보며 중국어로 대답해 보세요.

①
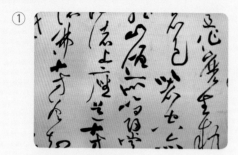
Q 你看得懂吗?

②

Q 你一天看得完看不完?

③

Q 你爬得上去吗?

④

Q 你来得及赶火车吗?

⑤

Q 你拿得动吗?

⑥

Q 榴莲在韩国买得到吗?

榴莲 liúlián 두리안 [열대과일]

2 빈칸에 들어갈 알맞은 표현을 찾으세요.

① 喂？我说的话你_____吗？

    a. 听得见   b. 听得不见   c. 听不听见   d. 听得了

② 我得去机场接朋友，今天的会议我可能_____。

    a. 去不了   b. 去不得   c. 去得不了   d. 没去得了

③ 我同屋太吵，我_____。

    a. 受得不了   b. 受不得   c. 受不了   d. 受得不得了

④ 你_____吃早饭吗？现在差不多九点了。

    a. 来及得   b. 来得及   c. 来得及来不及 d. 来得不及

⑤ 韩国泡菜在中国_____吗？

    a. 买得起   b. 买到   c. 买得完   d. 买得到

泡菜 pàocài 김치

3 다음 문장을 중국어로 번역하세요.

① 과제가 너무 많아서 다 할 수 있겠니?

② 네가 쓴 글씨가 너무 작아서 보이지 않아.

③ 제 책가방은 작아서 책 열 권을 넣을 수 없어요.

④ 중국어 선생님 성함이 생각나지 않아요.

⑤ 지금 가면 시간이 될까요？

10

보어 활용하기 (3)

술어의 상황이나 상태의 정도를 표현하는 방법 익히기

你气死我了。

你气死我了。
Nǐ qì sǐ wǒ le.
너 때문에 열받아 죽겠어.

▶ 동사 뒤에 쓰인 死了는
정도보어이다.

1. **정도보어:** 술어가 되는 심리동사나 형용사 뒤에서 술어의 동작이나 상태의 정도가 어떠한지를 보충 설명하는 성분이다. 동작동사는 일반적으로 정도를 나타낼 수 없으므로 정도보어를 취하지 않는다.

① 정도보어는 단독으로 질문에 답할 수 없다.

· A: 他急坏了吧?　그는 애가 타겠지?
　　Tā jí huài le ba?

　 B: 坏了。(✗) → 急坏了。(○) 애가 탈 거야.
　　 Huài le.　　　Jí huài le.

· A: 老师气得要命吧?　선생님이 무척 화나셨겠지?
　　Lǎoshī qì de yàomìng ba?

　 B: 要命。(✗) → 气得要命。(○) 무척 화나셨어.
　　 Yàomìng.　　　Qì de yàomìng.

② 정도보어는 부정문을 만들 수 없다.

· 大家都高兴极了。　모두들 너무 기뻤어.
　Dàjiā dōu gāoxìng jí le.

　大家都高兴不极了。(✗)

· 今天天气冷得要命。　오늘 날씨 무지 춥네.
　Jīntiān tiānqì lěng de yàomìng.

　今天天气冷得不要命。(✗)

急 jí 초조해 하다, 안달하다 ｜ 要命 yàomìng 죽을 것 같다, 최고조에 달하다 [정도보어로 쓰이면 상황이나 상태가 몹시 심함을 나타냄]

③ 정도보어 앞에 다른 성분을 넣을 수 없다.

- 什么味儿，臭死了。　무슨 냄새인지 정말 역겨워.
  Shénme wèir, chòu sǐ le.

  什么味儿，臭很死了。(✗)

2. 정도보어의 위치와 형식: 다른 보어와 마찬가지로 술어 뒤에 오며, 정도보어에 따라 술어 뒤에 得 없이 바로 오거나, 得와 함께 쓰이는 경우가 있다. 전자의 경우 문장의 끝에 반드시 了를 사용해야 한다.

① 得를 쓰지 않는 경우

| 심리동사/형용사 | ⋯⋯ | 透了 / 坏了 / 死了 / 极了 |

我的心情　糟糕　透了。　내 기분이 엉망진창이야.
　주어　　　 술어　 정도보어

- 今天真是累坏了。　오늘 정말 피곤해 죽겠어.
  Jīntiān zhēnshì lèi huài le.

- 你总是不听话，真是气死我了。　네가 늘 말을 안 들어서 난 정말 열 받아 죽겠어.
  Nǐ zǒngshì bù tīnghuà, zhēnshì qì sǐ wǒ le.

- 男朋友当兵去了，我难过极了。　남자 친구가 군대에 가서 난 너무 괴로워.
  Nán péngyou dāngbīng qù le, wǒ nánguò jí le.

LEVEL UP

得 없이 술어 뒤에 정도보어가 오는 문형은 결과보어의 형식과 비슷하지만, 결과보어는 술어의 결과를 나타내어 실제적 의미가 있고, 정도보어는 정도가 심함을 과장하여 추상적 의미가 있다.

- 今天天气热死了。　오늘 날씨 더워 죽겠어.
  Jīntiān tiānqì rè sǐ le.

- 报道说，这几天热死了十个人。　보도에서 요 며칠 동안 10명이 더위로 사망했대.
  Bàodào shuō, zhè jǐ tiān rè sǐ le shí ge rén.

첫 번째 예문은 死了가 정도보어로 사용되어 우리말 '더워 죽겠다'처럼 더위를 과장하여 표현한 것이고, 두 번째 예문의 死는 결과보어로 사용되어 '더위로 죽었다'라는 실제적 의미를 나타낸다.

味儿 wèir 냄새, 맛　|　臭 chòu 구리다, 역겹다　|　糟糕 zāogāo 엉망이다, 못 쓰게 되다　|　当兵 dāngbīng 입대하다, 군대에 가다　|　难过 nánguò 괴롭다, 슬프다　|　报道 bàodào 보도, 보도하다

② **得가 필요한 경우**

| 심리동사/형용사 | ...... | 得 | ...... | 慌/很/要命/要死/不得了/不行 |

今天　热　得　慌。　오늘 무척 덥다.
주어　술어　　　정도보어

- 他们俩私下关系好得很。　그 둘은 사적으로 사이가 아주 좋아.
  Tāmen liǎ sīxià guānxi hǎo de hěn.

- 上课困得要命怎么办?　수업시간에 너무 졸린데 어떡하지?
  Shàngkè kùn de yàomìng zěnme bàn?

- 小李最近忙得不得了。　샤오리는 요즘 너무 바빠.
  Xiǎo Lǐ zuìjìn máng de bù de liǎo.

LEVEL UP

很이 부사어로 쓰일 때와 정도보어로 쓰일 때의 차이점

很은 술어 앞에서 부사어로 쓰이기도 하고, 술어 뒤에서 정도보어로 쓰이기도 한다.

- 这部电影我很喜欢。 [很이 부사어로 사용됨]
  Zhè bù diànyǐng wǒ hěn xǐhuan.
  이 영화를 난 좋아해.

- 这部电影我喜欢得很。 [很이 정도보어로 사용됨]
  Zhè bù diànyǐng wǒ xǐhuan de hěn.
  이 영화를 난 무척 좋아해.

첫 번째 문장처럼 형용사나 심리동사 앞에 很이 와서 부사어로 사용되는 것은 문장구조 상의 필요 때문이므로 강세를 두어 읽지 않는 한, '매우'라는 정도의 의미가 약하다. 그러므로 정도가 심함을 표현할 때에는 두 번째 문장처럼 정도보어로 나타낸다.

자주 틀리는 문장

- 我恨了透了前男友。(✗) → 我恨透了前男友。(○)
- 他最近很忙得不得了。(✗) → 他最近忙得不得了。(○)
- 她很漂亮极了。(✗) → 她漂亮极了。(○)

私下 sīxià 사적으로, 비공개적으로 ┃ 关系 guānxi 관계 ┃ 困 kùn 졸리다 ┃ 前男友 qián nányǒu 옛 남자 친구

1. 다음 대화에서 한국어 문장을 중국어로 말해 보세요.

    A: 你看起来很累。

    B: 我昨天熬夜写作业，＿＿＿＿＿＿＿＿＿ (졸려 죽겠어.)

    A: 你早点回家休息吧。

    B: 谢谢你的关心。

정답

    1. B: 困得要命。/ 困死了。

熬夜 áoyè 밤샘하다, 철야하다 ｜ 关心 guānxīn 관심, 관심을 기울이다

40 동작 행위나 상태를 묘사·평가하는 표현 익히기
时间过得真快。

时间过得**真快**。
Shíjiān guò de zhēn kuài.
시간이 참 빨리 가.

▶ 술어동사 뒤에 쓰인 **真快**는
상태보어이다.

1. **상태보어:** 술어동사나 형용사 뒤에 쓰여 술어의 결과 상태가 어떠한지 구체적으로 묘사하거나 설명하는 보어를 상태보어라고 한다. 상태보어는 동작 행위에 대해 평가나 판단을 내리기도 한다.

2. **상태보어의 기본 구조**

你妹妹	长	得	很漂亮。	네 여동생 예쁘게 생겼네.
주어	술어		상태보어	

· 我同桌学得很努力。　내 짝은 열심히 공부해.
　Wǒ tóngzhuō xué de hěn nǔlì.

· 老师讲解得非常清楚。　선생님이 아주 명확하게 설명하셨어.
　Lǎoshī jiǎngjiě de fēicháng qīngchu.

· 教室打扫得非常干净。　교실이 매우 깨끗하게 청소됐네.
　Jiàoshì dǎsǎo de fēicháng gānjìng.

3. **상태보어의 형식**

① 상태보어로 형용사, 형용사구, 형용사 중첩 등이 온다. 이때 형용사술어문과 마찬가지로 형용사 앞에 부정부사나 很, 非常 등과 같은 정도부사를 사용하며, 정도부사가 없으면 대조나 비교의 의미를 나타낸다. 단, 형용사 중첩 형식 앞에는 정도부사를 쓰지 않는다.

同桌 tóngzhuō 짝, 짝꿍　|　讲解 jiǎngjiě 설명하다, 해설하다

- 时间过得真快。　시간이 참 빨리 가.
  Shíjiān guò de zhēn kuài.

- 小李打扫得干干净净的。　샤오리가 깨끗하게 청소했어.
  Xiǎo Lǐ dǎsǎo de gāngān jìngjìng de.

- 你写得好，我写得不好。　넌 잘 쓰고, 난 잘 못 써.
  Nǐ xiě de hǎo, wǒ xiě de bù hǎo.

② 상태보어로 술보구, 술목구, 주술구, 사자성어, 고정형식 등이 온다.

- 他们高兴得跳了起来。　그들은 기뻐서 펄쩍 뛰었다.
  Tāmen gāoxìng de tiào le qǐlái.

- 妈妈忙得忘了吃饭。　엄마는 바빠서 밥 먹는 것도 잊으셨다.
  Māma máng de wàng le chīfàn.

- 弟弟急得大喊大叫。　남동생이 급해서 고래고래 소리를 질렀다.
  Dìdi jí de dà hǎn dà jiào.

LEVEL UP

형용사가 상태보어로 쓰일 때와 부사어로 쓰일 때의 차이점

중국어의 상태보어와 부사어는 한국어에서 모두 부사어로 해석되므로 쉽게 구분하기 어렵다. 일반적으로 상태보어는 술어 뒤에 와서 동작의 결과 상태나 동작 결과에 대한 평가나 판단을 내린다면, 부사어는 술어 앞에 와서 동작의 과정성을 부각시킨다고 볼 수 있다.

- 他工作得很认真。　그는 열심히 일한다.
  Tā gōngzuò de hěn rènzhēn.

- 他很认真地工作。　그는 열심히 일한다.
  Tā hěn rènzhēn de gōngzuò.

첫 번째 문장에서 认真은 상태보어로 사용되었고, 두 번째 문장에서는 부사어로 사용되었다. 우리말 해석은 모두 같지만, 첫 번째 문장은 그가 일한 결과에 대한 화자의 객관적 평가를 나타내고, 두 번째 문장은 그가 일하고 있는 과정을 묘사한다. 따라서 형용사가 동작의 결과 상태를 나타내면 부사어가 아닌 상태보어로 나타내야 한다. 예를 들어 '그는 일을 해서 피곤하다'라고 하면 피곤한 것은 일을 한 결과이지 과정이 아니므로 상태보어로 나타내야 한다.

- 他工作得很累。　그는 일을 해서 피곤하다.
  Tā gōngzuò de hěn lèi.

  他很累地工作。(✗)

大喊大叫 dà hǎn dà jiào 큰소리로 부르짖다

또한 부사어는 미래의 일이나 명령, 권유, 재촉을 나타내는 청유문에도 사용될 수 있는 반면, 상태보어는 보통 과거에 일어나거나 자주 발생하는 동작 행위에 많이 사용되고, 미래의 일에는 잘 사용되지 않는다.

- 快走! 빨리 가!
  Kuài zǒu!

  走得快吧! (✗)

- 你要好好儿学习。 너 열심히 공부해.
  Nǐ yào hǎohāor xuéxí.

  你要学习得好。(✗)

그러나 상태보어 뒤에 一点儿이나 一些를 붙이면 미래의 일이나 명령문에도 사용한다.

- 走得快一点儿! 좀 빨리 걸어!
  Zǒu de kuài yìdiǎnr!

- 说得清楚一点儿! 좀 분명하게 말해!
  Shuō de qīngchu yìdiǎnr!

- 你应该写得好一点儿。 너는 좀 잘 써야겠다.
  Nǐ yīnggāi xiě de hǎo yìdiǎnr.

자주 틀리는 문장

- 他讲解很清楚。(✗) → 他讲解得很清楚。(O)
- 我们玩了得很开心。(✗) → 我们玩得很开心。(O)
- 你应该写得好。(✗) → 你应该写得好一点儿。(O)

확인학습

1. 다음 대화에서 한국어 문장을 중국어로 말해 보세요.

   A: 我们快要毕业了。

   B: _____ (시간이 정말 빨리 가네!)

   A: 感觉好像刚考上大学。

   B: 别愣着，快去准备期末考试。

1. B: 时间过得真快!

愣 lèng 멍해지다, 멍하게 바라보다 | 期末考试 qīmò kǎoshì 학기말 시험

41

목적어를 가진 상태보어문의 어순 이해하기

你说汉语说得很流利。

你说汉语说得很流利。
Nǐ shuō Hànyǔ shuō de hěn liúlì.
너는 중국어를 유창하게 하는구나.

▶ 술어동사 뒤에 목적어가 오면
동사를 한 번 더 반복한다.

---

1. 목적어를 가진 상태보어문의 구조

① 술어동사 뒤에 목적어를 두고 술어동사를 반복한 다음 得를 쓴다.

她	跳	舞	跳	得	非常好。	그녀는 춤을 매우 잘 춘다.
주어	술어	목적어	술어		상태보어	

- 他唱歌唱得很好。 그는 노래를 잘 부른다.
  Tā chànggē chàng de hěn hǎo.

- 我写汉字写得很慢。 나는 한자를 천천히 쓴다.
  Wǒ xiě Hànzì xiě de hěn màn.

- 她说汉语说得像中国人一样流利。 그녀는 중국어를 중국인처럼 유창하게 한다.
  Tā shuō Hànyǔ shuō de xiàng Zhōngguó rén yíyàng liúlì.

LEVEL UP

상태보어문의 술어에 이합동사가 왔을 때에도 이합동사의 동사 부분을 한 번 더 반복한다.

- 小朋友睡觉睡得很香。 꼬마가 잠을 달게 잔다.
  Xiǎo péngyou shuìjiào shuì de hěn xiāng.

- 他游泳游得很快。 그는 빠르게 헤엄친다.
  Tā yóuyǒng yóu de hěn kuài.

- 我已经上网上得想吐了。 나는 벌써 토가 나올 정도로 인터넷을 했어.
  Wǒ yǐjīng shàngwǎng shàng de xiǎng tù le.

流利 liúlì 유창하다 | 香 xiāng 향기롭다, 맛있다 | 吐 tù 구토하다, 게워내다

② 첫 번째 술어동사를 생략하여 목적어를 주어 바로 뒤에 붙인다.

她	舞	跳	得	非常好。	그녀는 춤을 매우 잘 춘다.
주어	목적어	술어		상태보어	

- 他歌唱得很好听。　그는 노래를 매우 잘 부른다.
  Tā gē chàng de hěn hǎotīng.

- 小李足球踢得很好。　샤오리는 축구를 잘 한다.
  Xiǎo Lǐ zúqiú tī de hěn hǎo.

- 他汉语说得不错。　그는 중국어를 꽤 잘 한다.
  Tā Hànyǔ shuō de búcuò.

LEVEL UP

목적어가 있을 때 상태보어문의 어순은 위 두 가지 방법 외에도 주어와 목적어 사이에 的를 넣는 방법과 목적어를 주어 앞에 두는 방법이 있다.

① [주어＋的＋목적어＋술어＋得＋상태보어]

- 他的字写得很工整。　그는 글씨를 깔끔하게 쓴다.
  Tā de zì xiě de hěn gōngzhěng.

- 你的汉语说得真地道。　너는 정통 중국어를 구사하는구나.
  Nǐ de Hànyǔ shuō de zhēn dìdao.

② [목적어＋주어＋술어＋得＋상태보어]

- 这次考试我考得不错。　이번 시험을 나는 잘 봤다.
  Zhè cì kǎoshì wǒ kǎo de búcuò.

- 这个中秋节我们过得很好。　이번 추석에 우리는 잘 지냈다.
  Zhège Zhōngqiūjié wǒmen guò de hěn hǎo.

工整 gōngzhěng (글씨가) 깔끔하다, 세밀하고 정제되다 ｜ 地道 dìdao 정통의, 본토의, 오리지널의 ｜ 中秋节 Zhōngqiūjié 중추절, 추석 [음력 8월 15일. 중국의 4대 명절의 하나로 월병을 나눠 먹는다.]

2. 상태보어의 부정형: 상태보어 앞에 不를 붙인다.

他 跳 得 不 好。 그녀는 춤을 잘 못 춘다.
주어 술어 　　상태보어

- 他考试考得不好。　그는 시험을 잘 못 쳤다.
  Tā kǎoshì kǎo de bù hǎo.
- 我啤酒喝得不多。　나는 맥주를 많이 안 마셨다.
  Wǒ píjiǔ hē de bù duō.
- 我们昨天玩得不开心。　우리는 어제 재미있게 못 놀았다.
  Wǒmen zuótiān wán de bù kāixīn.

3. 상태보어의 의문형

❶ 문장 끝에 吗를 붙인다.

她 跳 得 好 吗? 그녀는 춤을 잘 추니?

- 暑假过得好吗?　여름 방학 잘 보냈어?
  Shǔjià guò de hǎo ma?
- 他歌唱得好听吗?　그는 노래 잘 부르니?
  Tā gē chàng de hǎotīng ma?
- 你昨天睡觉睡得好吗?　너 어제 잘 잤어?
  Nǐ zuótiān shuìjiào shuì de hǎo ma?

❷ 상태보어의 긍정형과 부정형을 병렬한다.

她 跳 得 好 不 好? 그녀는 춤을 잘 춰?

- 暑假过得好不好?　여름 방학 잘 보냈어?
  Shǔjià guò de hǎo bu hǎo?
- 他歌唱得好听不好听?　그는 노래를 잘 불러 잘 못 불러?
  Tā gē chàng de hǎotīng bu hǎotīng?

暑假 shǔjià 여름 방학, 여름 휴가

- 你昨天睡觉睡得好不好?　어제 잘 잤어 잘 못 잤어?
  Nǐ zuótiān shuìjiào shuì de hǎo bu hǎo?

③ 대답으로 상태보어가 들어가는 자리에 怎么样을 넣어 묻는다.

> 她　跳　得　怎么样?　그녀는 춤추는 게 어때?

- 暑假过得怎么样?　여름 방학은 어떻게 보냈어?
  Shǔjià guò de zěnmeyàng?

- 他歌唱得怎么样?　그는 노래 부르는 게 어때?
  Tā gē chàng de zěnmeyàng?

- 你昨天睡觉睡得怎么样?　너는 어제 잠자는 게 어땠어?
  Nǐ zuótiān shuìjiào shuì de zěnmeyàng?

자주 틀리는 문장

- 他今天起床得很早。(✗) → 他今天起床起得很早。(○)
- 她不长得漂亮。(✗) → 她长得不漂亮。(○)

확인학습

1. 다음 대화에서 한국어 문장을 중국어로 말해 보세요.

　A: 你是从哪儿来的?
　B: 我是从韩国来的。
　A: ＿＿＿＿＿＿＿＿＿＿＿＿＿＿＿ (네가 중국어를 유창하게 해서,)
　　 我以为你是中国人。
　B: 哪里哪里，还差得远呢。

정답

　1. A: 你说汉语说得很流利，

哪里哪里 nǎlǐ nǎlǐ 천만에요, 별말씀을요

연습문제

1 그림을 보며 중국어로 대답해 보세요.

①

Q 她长得怎么样?

②

Q 他跑得快不快?

③

Q 我画花儿画得好吗?

④

Q 他们玩得怎么样?

연습문제

2 정도보어를 사용하여 중국어로 번역하세요.

① 네가 보고 싶어 죽겠어.

② 오늘 날씨가 무척 더워.

③ 나 너무 졸려.

④ 나 완전 열 받았어.

3 상태보어를 사용하여 중국어로 번역하세요.

① 여름 방학 잘 보냈어요?

② 그는 매일 일찍 일어난다.

③ 너는 이번 시험 잘 봤니?

④ 그녀는 춤을 잘 못 춘다.

4 다음 문장에서 틀린 부분을 바르게 고치세요.

① 他不写得很快。

② 他说汉语得很流利。

③ 他们非常高兴得跳了起来。

④ 他们很忙得要命。

5 다음 문장을 의문문으로 고치세요.

① 她跳舞跳得很好。

② 他长得很帅。

③ 他汉语说得非常流利。

④ 我们玩得很高兴。

6 다음 문장을 부정문으로 고치세요.

① 她歌唱得很好。

② 他打字打得很快。

③ 我打扫得很干净。

④ 妈妈做菜做得很好吃。

42 他比我高。

他比我高。
Tā bǐ wǒ gāo.
그는 나보다 (키가) 커.

▶ 比는 '~보다', '~에 비해'라는
비교를 나타내는 표현이다.

---

1. **比 비교문:** 比를 사용한 비교문으로 'A가 B보다 ~하다'라는 정도의 차이를 표현한다.

他	比	我	高。	그는 나보다 (키가) 크다.
A		B	형용사	

- 今天比昨天冷。 오늘은 어제보다 추워.
  Jīntiān bǐ zuótiān lěng.

- 桃子比苹果甜。 복숭아가 사과보다 달아.
  Táozi bǐ píngguǒ tián.

2. A(비교 주체)와 B(비교 대상)의 구조는 유사하며, 만일 A와 B에 동일한 성분이 있으면 B에서 동일한 부분을 생략할 수 있다.

- 这个房间比那个(房间)大。 이 방은 저 방보다 크다.
  Zhège fángjiān bǐ nàge (fángjiān) dà.

- 上海的人口比北京(的人口)多。 상하이의 인구는 베이징보다 많다.
  Shànghǎi de rénkǒu bǐ Běijīng (de rénkǒu) duō.

3. 비교 결과를 나타내는 술어에는 형용사뿐만 아니라 동사(구)도 올 수 있다.

我妹妹	比	我	爱跳舞。	내 여동생은 나보다 춤추는 걸 좋아해.
A		B	동사구	

- 他比我喜欢学习汉语。 그는 나보다 중국어 배우는 걸 좋아해.
  Tā bǐ wǒ xǐhuan xuéxí Hànyǔ.

- 我同屋比我睡得晚。 내 룸메이트는 나보다 늦게 자.
  Wǒ tóngwū bǐ wǒ shuì dé wǎn.

4. 비교 결과를 나타내는 술어 앞에 부사 还, 更 등을 사용하여 비교 정도가 어떠한지를 표현할
수 있다. 그러나 很, 非常, 太, 特别, 十分, 有点儿 등은 쓸 수 없다.

<u>他</u> <u>比</u> <u>我</u> <u>更</u> <u>高</u>。 그는 나보다 훨씬 더 커.
A   B   부사 비교 결과

- 她比明星还红。 그녀는 스타보다 더 인기 있다.
  Tā bǐ míngxīng hái hóng.
- 他比我更了解情况。 그가 나보다 상황을 훨씬 더 이해해.
  Tā bǐ wǒ gèng liǎojiě qíngkuàng.
- 弟弟比我还想念妈妈。 남동생이 나보다 더 엄마를 보고 싶어 해.
  Dìdi bǐ wǒ hái xiǎngniàn māma.

자주 틀리는 문장

- 飞机比火车很快。(✗) → 飞机比火车更快。(O)
- 他的个子比我大。(✗) → 他的个子比我高。(O)
- 他的年龄比我姐姐多。(✗) → 他的年龄比我姐姐大。(O)

확인학습

1. 다음 대화에서 한국어 문장을 중국어로 말해 보세요.

A: 你说，足球大还是乒乓球大?

B: _____ (축구공이 탁구공보다 더 커요.)

A: 那么，乒乓球大还是高尔夫球大?

B: 不太清楚。我只知道，高尔夫球比乒乓球更重。

정답

1. B: 足球比乒乓球更大。

明星 míngxīng 스타, 인기 있는 배우나 운동선수 | 红 hóng 인기 있다, 각광받다 | 了解 liǎojiě 알다, 이해하다 | 想念
xiǎngniàn 그리워하다 | 年龄 niánlíng 연령, 나이 | 乒乓球 pīngpāngqiú 탁구, 탁구 공 | 高尔夫球 gāo'ěrfūqiú 골
프, 골프 공 | 重 zhòng 무겁다

43

비교문에서 차이의 정도를 나타내는 표현 익히기

我比妹妹大两岁。

我比妹妹大两岁。
Wǒ bǐ mèimei dà liǎng suì.
내가 여동생보다 두 살 많아.

▶ 两岁를 덧붙여 구체적인
차이의 정도를 나타낸다.

比를 사용한 비교문에서 비교의 차이가 큰지 작은지를 나타내는 방법에는 몇 가지가 있다.

1. 비교의 차이가 작을 때: 비교 결과 뒤에 一点儿 혹은 一些를 붙인다.

他 比 我 大 一点儿。 그는 나보다 약간 더 나이가 많다.

- 你的成绩比我的好一点儿。 너의 성적이 나보다 약간 더 좋다.
  Nǐ de chéngjì bǐ wǒ de hǎo yìdiǎnr.
- 这座大楼比那座大楼高一些。 이 빌딩은 저 빌딩보다 약간 더 높다.
  Zhè zuò dàlóu bǐ nà zuò dàlóu gāo yìxiē.
- 上海比北京更繁华一些。 상하이는 베이징보다 약간 더 번화하다.
  Shànghǎi bǐ Běijīng gèng fánhuá yìxiē.

2. 비교의 차이가 클 때: 비교 결과 뒤에 得多 혹은 多了를 붙인다.

他 比 以前 瘦 多了。 그는 이전보다 살이 많이 빠졌어.

- 西瓜比苹果大得多。 수박이 사과보다 훨씬 더 커.
  Xīguā bǐ píngguǒ dà de duō.
- 这台电脑比那台便宜多了。 이 컴퓨터가 저것보다 훨씬 더 저렴해.
  Zhè tái diànnǎo bǐ nà tái piányi duō le.
- 今天比昨天暖和多了。 오늘은 어제보다 훨씬 더 따뜻해.
  Jīntiān bǐ zuótiān nuǎnhuo duō le.

座 zuò 동, 채 [산, 교량, 빌딩 등 크고 움직이지 않는 물체를 세는 단위] | 大楼 dàlóu 큰 건물, 빌딩 | 繁华 fánhuá
번화하다

比 비교문에서 有가 술어동사로 사용되면 뒤에 **办法, 道理, 眼光, 经验, 能力, 水平, 意思** 등의 추상명사가 오는 경우가 많다. 또한 문장 끝에 **多了, 得多** 등을 써서 정도 차이가 큼을 나타내기도 한다.

- 你比我有眼光。 네가 나보다 안목이 있네.
  Nǐ bǐ wǒ yǒu yǎnguāng.

- 弟弟比我更有经验。 남동생이 나보다 경험이 더 많아.
  Dìdi bǐ wǒ gèng yǒu jīngyàn.

- 小李比我有能力得多。 샤오리가 나보다 훨씬 더 능력이 있어.
  Xiǎo Lǐ bǐ wǒ yǒu nénglì de duō.

3. **구체적인 차이를 나타낼 때:** 多, 少, 大, 小, 早, 晚, 高, 低, 贵, 便宜, 厚, 薄 등의 형용사가 술어로 올 때 술어 뒤에 수량사를 써서 구체적인 차이를 나타낼 수 있다.

我　比　妹妹　大　**两岁**。　나는 여동생보다 두 살이 더 많아.
　　　　　　　　수량사

- 他比我高五厘米。 그는 나보다 5cm 더 커.
  Tā bǐ wǒ gāo wǔ límǐ.

- 天津比上海差不多大一倍。 텐진은 상하이보다 거의 배나 커.
  Tiānjīn bǐ Shànghǎi chà bu duō dà yí bèi.

- 这件衣服比那件便宜50元。 이 옷은 저 옷보다 50위안 저렴해.
  Zhè jiàn yīfu bǐ nà jiàn piányi wǔshí yuán.

道理 dàoli 도리, 이치 ┃ 眼光 yǎnguāng 시선, 안목 ┃ 经验 jīngyàn 경험, 경험하다 ┃ 能力 nénglì 능력, 역량 ┃
水平 shuǐpíng 수준 ┃ 厚 hòu 두껍다 ┃ 薄 báo 얇다 ┃ 厘米 límǐ 센티미터(cm)

동작동사가 比 비교문의 술어로 올 때, 早, 晚, 多, 少, 先, 后, 难, 好 등을 동사 앞에 부사어로 사용하거나 동사 뒤에 상태보어로 사용하는 경우가 많다.

- 西班牙语比英语好学。 스페인어가 영어보다 배우기 쉬워.
  Xībānyáyǔ bǐ Yīngyǔ hǎo xué.

- 小张比我来得晚。 샤오장이 나보다 늦게 왔어.
  Xiǎo Zhāng bǐ wǒ lái de wǎn.

早, 晚, 多, 少 등이 동작동사 앞에 올 때는 동사 뒤에 수량사를 쓰기도 한다.

- 我今天比昨天早来了30分钟。 나는 오늘 어제보다 30분 일찍 왔어.
  Wǒ jīntiān bǐ zuótiān zǎo lái le sānshí fēnzhōng.

- 我比他们多看了一遍。 나는 그들보다 한 번 더 봤어.
  Wǒ bǐ tāmen duō kàn le yí biàn.

- 他比我少做了一道题。 그는 나보다 한 문제 덜 풀었어.
  Tā bǐ wǒ shǎo zuò le yí dào tí.

자주 틀리는 문장

- 他比我有点儿高。(✗) → 他比我高一点儿。(○)
- 今天比昨天很凉快。(✗) → 今天比昨天凉快多了。(○)
- 我比你三岁大。(✗) → 我比你大三岁。(○)
- 我比你来早了几分钟。(✗) → 我比你早来了几分钟。(○)

확인학습

1. 다음 대화에서 한국어 문장을 중국어로 말해 보세요.

A: 你知道吗？丽丽交了新的男朋友。

B: 他比丽丽大几岁？

A: ＿＿＿＿＿＿＿＿＿＿＿＿＿＿＿ (그는 리리보다 세 살 더 많아.)

B: 丽丽个子这么高，一直找比她还高的男朋友。

A: 还好，他比丽丽高五厘米。

 정답

1. A: 他比丽丽大三岁。

44

比 비교문에 상태보어가 올 때의 어순 이해하기

你比我考得好。

你比我考得好。
Nǐ bǐ wǒ kǎo de hǎo.
너가 나보다 시험을 잘 봤어.

▶ 상태보어가 왔을 때
[比 + 비교 대상]의 위치에
주의하자.

---

1. 比 비교문의 술어동사가 상태보어를 가진다면 [比 + 비교 대상]은 술어동사 앞에 올 수도 있고, 상태보어 앞에 올 수도 있다.

①

我	比	你	来	得	早。	내가 너보다 일찍 왔어.
A		B	동사		상태보어	

- 他比我跑得快。 그가 나보다 빨리 달려.
  Tā bǐ wǒ pǎo de kuài.

- 她比我唱得好听。 그녀가 나보다 노래를 잘 불러.
  Tā bǐ wǒ chàng de hǎotīng.

- 你比我说得流利。 네가 나보다 유창하게 말해.
  Nǐ bǐ wǒ shuō de liúlì.

②

我	来	得	比	你	早。	내가 너보다 일찍 왔어.
A	동사			B	상태보어	

- 他跑得比我快。 그가 나보다 빨리 달려.
  Tā pǎo de bǐ wǒ kuài.

- 她唱得比我好听。 그녀가 나보다 노래를 잘 불러.
  Tā chàng de bǐ wǒ hǎotīng.

- 你说得比我流利。 네가 나보다 유창하게 말해.
  Nǐ shuō de bǐ wǒ liúlì.

2. 만일 比 비교문의 술어동사가 목적어를 가진다면 술어동사를 한 번 더 써주는데, 위와 마찬가지로 [比＋비교 대상]은 두 번째 동사 앞에 올 수도 있고, 상태보어 앞에 올 수도 있다.

- 他跑步比我跑得快。/ 他跑步跑得比我快。　그가 나보다 빨리 달려.
  Tā pǎo bù bǐ wǒ pǎo de kuài. / Tā pǎo bù pǎo de bǐ wǒ kuài.

- 她唱歌比我唱得好听。/ 她唱歌唱得比我好听。　그녀가 나보다 노래를 잘 불러.
  Tā chàng gē bǐ wǒ chàng de hǎotīng. / Tā chàng gē chàng de bǐ wǒ hǎotīng.

3. 상태보어가 있는 比 비교문에서 비교의 차이를 나타내고자 할 때에는 상태보어 뒤에 一点儿, 一些, 多了, 得多 등을 붙인다.

- 他比我来得早一点儿。　그가 나보다 조금 더 일찍 왔어.
  Tā bǐ wǒ lái de zǎo yìdiǎnr.

- 我跑得比小李快多了。　나는 샤오리보다 훨씬 더 빨리 달려.
  Wǒ pǎo de bǐ Xiǎo Lǐ kuài duō le.

- 这次考试你考得比我高一些。　이번 시험에서 네가 나보다 약간 더 높은 점수를 받았어.
  Zhè cì kǎoshì nǐ kǎo de bǐ wǒ gāo yìxiē.

이때 상태보어 뒤에는 수량사가 올 수 없다. 만일 구체적인 차이를 나타내기 위해 수량사를 사용하려면 동사 앞에 多, 少, 早, 晚 등을 부사어로 사용해야 한다.

- 我比你多听了一个小时。　나는 너보다 한 시간 더 들었어.
  Wǒ bǐ nǐ duō tīng le yí ge xiǎoshí.

  我比你听得多一个小时。(✗)

- 他比我早来了五分钟。　그는 나보다 5분 일찍 왔어.
  Tā bǐ wǒ zǎo lái le wǔ fēnzhōng.

  他比我来得早五分钟。(✗)

4. 比 비교문의 **부정형**: 比 대신에 没有를 사용한다.

- 我没有他高。　나는 그만큼 크지 않아. (그의 키가 더 크다.)
  Wǒ méi yǒu tā gāo.

- 今天没有昨天热。　오늘은 어제만큼 덥지 않아. (어제 날씨가 더 더웠다.)
  Jīntiān méi yǒu zuótiān rè.

- 他来得没有我早。　그는 나만큼 빨리 오지 않았어. (내가 더 일찍 왔다.)
  Tā lái de méi yǒu wǒ zǎo.

比 앞에 不를 사용하여 부정할 수도 있으나, **没有**를 사용했을 때와 의미가 약간 다르다. **不比**는 상대방의 의견에 대해 반박하거나 비교의 대상이 서로 비슷할 때 사용한다.

- 我不比他高。 내가 그보다 크지는 않아.(나는 그보다 키가 작거나 비슷하다.)
  Wǒ bù bǐ tā gāo.

- 今天不比昨天热。 오늘은 어제보다 더 덥지는 않아.(오늘은 어제보다 시원하거나 비슷하다.)
  Jīntiān bù bǐ zuótiān rè.

- 他来得不比我早。 그가 나보다 일찍 온 건 아니야.(나보다 늦게 왔거나 비슷하게 왔다.)
  Tā lái de bù bǐ wǒ zǎo.

자주 틀리는 문장

- 他跑步得比我快。(✕)
  → 他跑步跑得比我快。 / 他跑步比我跑得快。 / 他跑得比我快。(○)

- 他来得比我不早。(✕) → 他来得不比我早。(○)

확인학습

1. 다음 대화에서 한국어 문장을 중국어로 말해 보세요.

   A: 你今天又迟到了。

   B: 不过，小李还没来。

   _____ (내가 걔보다는 빨리 왔잖아.)

   A: 不，他已经到了。我让他去买电影票了。

   B: 对不起，以后我不会迟到了。

정답

1. B: 我比他来得早。

45 我的衣服跟她的一样。

我的衣服跟她的一样。
Wǒ de yīfu gēn tā de yíyàng.
내 옷은 그녀의 것과 똑같아.

▶ '그녀의 옷'에서 衣服는 생략할 수 있다.

---

1. **跟……一样**: 사람 혹은 사물의 성격이나 성질의 공통점을 비교한다. 나중에 나오는 비교대상 B에서 A와 동일한 성분은 생략할 수 있다.

> 我的衣服　跟　她的衣服　一样。　내 옷은 그녀의 옷과 똑같아.
> ⎯A⎯　　　　⎯B⎯

- 他的爱好跟我(的爱好)一样。　그의 취미는 나(의 취미)와 똑같아.
  Tā de àihào gēn wǒ (de àihào) yíyàng.

- 他的想法跟我(的想法)一样。　그의 생각은 나(의 생각)와 똑같아.
  Tā de xiǎngfǎ gēn wǒ (de xiǎngfǎ) yíyàng.

- 我的性格跟爸爸(的性格)一样。　내 성격은 아빠(의 성격)와 똑같아.
  Wǒ de xìnggé gēn bàba (de xìnggé) yíyàng.

LEVEL UP

A跟B一样 에서 跟 외에도 和나 同을 쓸 수 있고, 一样 외에도 相同(서로 같다), 差不多(비슷하다), 类似(유사하다) 등을 쓸 수 있다.

- 我的意见和他的意见相同。　나의 의견과 그의 의견은 서로 같아.
  Wǒ de yìjiàn hé tā de yìjiàn xiāngtóng.

- 今天天气跟昨天差不多。　오늘 날씨는 어제와 비슷해.
  Jīntiān tiānqì gēn zuótiān chàbuduō.

- 汉语的语序和英语类似。　중국어의 어순은 영어와 유사해.
  Hànyǔ de yǔxù hé Yīngyǔ lèisì.

想法 xiǎngfǎ 생각, 아이디어 | 性格 xìnggé 성격, 개성 | 相同 xiāngtóng 서로 같다, 똑같다 | 类似 lèisì 유사하다 |
语序 yǔxù 어순

2. 문장 마지막에 비교의 결과를 덧붙여 말할 수 있다.

> 我　跟　他　一样　喜欢运动。　나는 그와 마찬가지로 운동을 좋아해.
> A　　B　　　　　결과

- 这个房间跟那个房间一样干净。　이 방은 저 방처럼 깨끗해.
  Zhège fángjiān gēn nàge fángjiān yíyàng gānjìng.

- 今天跟昨天一样暖和。　오늘은 어제와 마찬가지로 따뜻해.
  Jīntiān gēn zuótiān yíyàng nuǎnhuo.

- 他说得跟中国人一样流利。　그는 중국인처럼 유창하게 말해.
  Tā shuō de gēn Zhōngguó rén yíyàng liúlì.

3. 跟……一样 의 부정형

> 我的衣服　跟　她的衣服　不一样。　내 옷은 그녀의 옷과 달라.
> A　　　　　B

- 他的爱好跟我不一样。　그의 취미는 나와 달라.
  Tā de àihào gēn wǒ bù yíyàng.

- 弟弟跟我的性格不一样。　남동생은 나의 성격과 달라.
  Dìdì gēn wǒ de xìnggé bù yíyàng.

- 这个房间跟那个房间不一样大。　이 방은 저 방과 크기가 달라.
  Zhège fángjiān gēn nàge fángjiān bù yíyàng dà.

LEVEL UP

A跟B一样 에서 一样 앞에 差不多, 几乎, 完全, 不太 등을 쓸 수 있다.

- 我的想法跟他的完全一样。　내 생각은 그의 생각과 완전히 똑같아.
  Wǒ de xiǎngfǎ gēn tā de wánquán yíyàng.

- 我和哥哥的性格不太一样。　나와 형의 성격은 그다지 같지 않아.
  Wǒ hé gēge de xìnggé bú tài yíyàng.

- 他跟我几乎一样高。　그와 나는 키가 거의 비슷해.
  Tā gēn wǒ jīhū yíyàng gāo.

几乎 jīhū 거의　|　完全 wánquán 완전히, 전적으로

그러나 一样 앞에 很, 太, 非常, 最 등과 같은 정도부사는 쓸 수 없다.

- 我的想法跟他的很一样。(✗)
- 我和哥哥的性格非常一样。(✗)
- 他跟我太一样高。(✗)

자주 틀리는 문장

- 他的爱好不跟我一样。(✗) → 他的爱好跟我不一样。(○)
- 我的想法跟他很一样。(✗) → 我的想法跟他完全一样。(○)
- 这里跟那里一样地安静。(✗) → 这里跟那里一样安静。(○)

확인학습

1. 다음 대화에서 한국어 문장을 중국어로 말해 보세요.

A: 你的新室友怎么样？

B: 他对我很好，但是跟他相处得有点儿累。

A: 为什么？

B: _____ (그의 생활 습관이 나랑 달라.)

A: 怎么不一样？

B: 我习惯早睡早起，而他晚睡晚起，经常熬夜玩电脑游戏。

정답

1. B: 他的生活习惯跟我(的)不一样。

安静 ānjìng 조용하다, 안정되다 | 室友 shìyǒu 룸메이트 | 相处 xiāngchǔ 함께 지내다 | 早睡早起 zǎo shuì zǎo qǐ 일찍 자고 일찍 일어나다 | 晚睡晚起 wǎn shuì wǎn qǐ 늦게 자고 늦게 일어나다

46 有를 사용한 비교문 익히기

我女朋友有明星那么漂亮。

我女朋友有明星那么漂亮。
Wǒ nǚ péngyou yǒu míngxīng nàme piàoliang.
내 여자 친구는 연예인만큼 예뻐.

▶ 비교 대상 뒤에는 这么나
那么를 붙일 수 있다.

1. 有 비교문: 'A는 B만큼 ~하다'라는 의미로 A(비교 주체)가 B(비교 대상)와 어떤 방면에서 유사점이 있는지를 비교할 때 사용한다.

今天　有　昨天　那么　凉快。　오늘은 어제만큼 시원해.
A　　　　 B　　　　　　비교결과

- 他有我这么高。　그는 나만큼 키가 크다.
  Tā yǒu wǒ zhème gāo.

- 他唱歌唱得有歌手那么好吗?　그는 가수만큼 노래를 그렇게 잘 부르니?
  Tā chàng gē chàng de yǒu gēshǒu nàme hǎo ma?

2. 有 비교문의 부정형

今天　没有　昨天　那么　凉快。　오늘은 어제만큼 시원하지 않아.
A　　　　　 B　　　　　　 비교결과

- 他没有你这么能干。　그는 너만큼 능력이 있지는 않아.
  Tā méi yǒu nǐ zhème nénggàn.

- 他汉语说得没有你这么流利。　그는 중국어를 너만큼 유창하게 하지 못해.
  Tā Hànyǔ shuō de méi yǒu nǐ zhème liúlì.

3. 비교 결과 뒤에는 차이를 나타내는 一点儿, 一些, 得多, 多了, 수량사 등이 올 수 없다.

- 他有我这么高一点儿。(✗)
- 他有我这么高五厘米。(✗)

凉快 liángkuai 시원하다 ｜ 能干 nénggàn 능력이 있다. 유능하다

'A는 B만 못하다'라는 의미의 비교문에서 **没有** 대신 **不如**를 사용하기도 한다. 그러나 **没有** 뒤에는 비교의 결과를 생략할 수 없지만, **不如**는 비교의 결과를 생략할 수 있다.

- 弟弟没有哥哥那么聪明。 동생은 형만큼 똑똑하지는 않아.
  Dìdi méiyǒu gēge nàme cōngmíng.

- 弟弟不如哥哥那么聪明。
  Dìdi bùrú gēge nàme cōngmíng.

- 弟弟不如哥哥。 동생은 형만 못해.
  Dìdi bùrú gēge.

- 弟弟没有哥哥。(✗)

- 他汉语说得没有你这么流利。 그는 중국어를 너만큼 유창하게 하지 못해.
  Tā Hànyǔ shuō de méiyǒu nǐ zhème liúlì.

- 他汉语说得不如你这么流利。
  Tā Hànyǔ shuō de bùrú nǐ zhème liúlì.

- 他汉语说得不如你。 그는 중국어를 너보다 못해.
  Tā Hànyǔ shuō de bùrú nǐ.

- 他汉语说得没有你。(✗)

자주 틀리는 문장

- 我没有他能干一点儿。(✗) → 我没有他能干。(O)
- 他有我这么很高。(✗) → 他有我这么高。(O)

확인학습

1. 다음 대화에서 한국어 문장을 중국어로 말해 보세요.

  A: 我很羡慕你，你比我高10厘米。

  B: 羡慕我？我倒是羡慕你。

  A: 为什么？

  B: _____ (비록 네 키는 나만큼 크지 않지만,)
  但是你的成绩总是比我高。

1. B: 虽然你的个子没有我这么高,

不如 bùrú ~만 못하다, ~하는 편이 낫다 ┃ 羡慕 xiànmù 부러워하다, 흠모하다 ┃ 倒是 dàoshi 오히려 ┃
虽然……但是…… suīrán……dànshì…… 비록 ~하지만

연습문제

1 제시된 조건을 참고하여 빈칸에 알맞은 표현을 넣으세요.

①

Q 小李比小张高多少?

②

Q 哥哥比妹妹大多少?

③

Q 小李的衣服比我的贵多少?

④

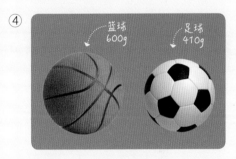

Q 篮球比足球重多少?

克 kè 그램(g)

연습문제

2 괄호 속 표현이 들어갈 알맞은 위치를 찾으세요.

① 我写汉字 ⓐ 写得 ⓑ 比他 ⓒ 快 ⓓ 。 　　　一点儿

② 他的 ⓐ 爱好 ⓑ 跟 ⓒ 我的 ⓓ 一样。 　　　不

③ 今天 ⓐ 比 ⓑ 昨天 ⓒ 暖和 ⓓ 了。 　　　多

④ 我 ⓐ 比 ⓑ 他 ⓒ 喜欢 ⓓ 中国电影。 　　　更

⑤ 他 ⓐ 来得 ⓑ 比 ⓒ 我 ⓓ 早。 　　　不

3 다음 문장에서 틀린 부분을 바르게 고치세요.

① 他比你很了解情况。

② 弟弟的个子比我大。

③ 他比我有点儿高。

④ 他的年龄不跟我的一样。

⑤ 他比我来得早五分钟。

⑥ 他来得比我不早。

⑦ 她跳舞得比我好。

⑧ 他汉语说得有你这么流利一点儿。

⑨ 我和哥哥的性格非常一样。

⑩ 我比他三岁多。

4 빈칸에 들어갈 알맞은 표현을 찾으세요.

① 韩国菜比中国菜_____。

    a. 有点儿辣   b. 比较辣

    c. 很辣   d. 辣一点儿

② 他今天有点儿不舒服，所以比平时_____。

    a. 来得有点儿晚   b. 来得晚几分钟

    c. 来得比较慢   d. 来得晚一点

③ 我的想法跟他的_____一样。

    a. 很   b. 非常

    c. 完全   d. 太

④ 我说英语_____。

    a. 得没有他那么流利。   b. 得有他那么不流利。

    c. 说得有他那么不流利。   d. 说得没有他那么流利。

⑤ 我今天比昨天_____。

    a. 早来了30分钟   b. 来得早30分钟

    c. 来早了30分钟   d. 来得30分钟早

舒服 shūfu 편안하다, 쾌적하다 ｜ 平时 píngshí 평상시, 평소

12

특수 구문 익히기

47
한정적 목적어와 전치사 把 용법 익히기
我把那本书看完了。

我把那本书看完了。
Wǒ bǎ nà běn shū kàn wán le.
나는 그 책 다 읽었어.

▶ 书는 那本의 수식을 받아
한정적 성분이 된다.

1. **把자문:** 어떤 동작을 통해 把가 이끄는 목적어에 어떤 변화가 생겼는지 나타낼 때 사용한다. 여기서 전치사 把는 의미상 목적어에 해당하는 성분을 동사 앞에 놓음으로써 해당 목적어가 화자와 청자 모두가 알고 있는 대상임을 나타내는 역할을 한다. 그리고 화자가 청자에게 전달하고자 하는 주요 정보는 이 한정적 대상이 '어떻게 처리·변화되었는가'를 나타내는 술어 부분이다. 중국어에서는 把자문을 처치문(處置句)이라고 부른다.

我	把	那本书	看	完了。	나는 그 책 다 읽었어.
주어		목적어	동사	기타 성분	

위 예문에서 화자와 청자는 把가 이끄는 书가 어떤 책을 말하는지 알고 있다. 따라서 把와 함께 동사 앞에 놓이게 되며, 화자가 전달하고자 하는 중요한 정보는 '다 읽었다(看完)'라는 사실이다.

2. **把자문의 목적어:** 把가 이끄는 목적어는 반드시 특정 대상이어야 한다. 특정 대상은 这, 那와 같은 지시사의 수식을 받거나 어떤 대상인지 구분이 되는 수식어가 붙어야 한다.

- 我把这本书买来了。 나는 이 책을 사왔다.
  Wǒ bǎ zhè běn shū mǎi lái le.

- 我把昨天的作业写完了。 나는 어제 내준 숙제를 다 했어.
  Wǒ bǎ zuótiān de zuòyè xiě wán le.

수식어 없이 명사 단독으로 와도 특정 대상을 지칭할 수 있다. 그러나 [수사+양사]의 수식을 받는 명사는 특정 대상이 될 수 없으므로 把와 결합할 수 없다.

- 请把书打开。 책을 펴세요.
  Qǐng bǎ shū dǎ kāi.

- 请你把空调开大一点。 에어컨을 좀 세게 틀어 주세요.
  Qǐng nǐ bǎ kōngtiáo kāi dà yìdiǎn.

- 来，把大衣穿上。 자, 코트 입으세요.
  Lái, bǎ dàyī chuān shàng.

- 我把一本书看完了。(✕)

3. 把자문의 기타 성분: 把자문에서는 동사 단독으로 술어를 담당할 수 없다. 동작을 통해 특정 대상이 어떻게 처리되었는지를 나타내야 하므로 보어 등의 다른 성분이 동사 뒤에 반드시 와야 한다.

① 결과보어

- 请你把手洗干净。 손을 깨끗이 씻으세요.
  Qǐng nǐ bǎ shǒu xǐ gānjìng.

- 别忘了把门锁上。 문 잠그는 거 잊지 마.
  Bié wàng le bǎ mén suǒ shàng.

- 师傅，麻烦你把窗户关上。 기사님, 창문 좀 닫아 주세요.
  Shīfu, máfan nǐ bǎ chuānghu guān shàng.

② 방향보어

- 请你把桌子搬出去。 책상을 밖으로 옮겨 주세요.
  Qǐng nǐ bǎ zhuōzi bān chūqù.

- 我把那些资料放回去了。 제가 (그) 자료를 도로 가져다 놓았어요.
  Wǒ bǎ nàxiē zīliào fàng huíqù le.

- 没问题的话，我把信发出去吧。 문제 없으면 편지를 발송하겠습니다.
  Méi wèntí de huà, wǒ bǎ xìn fā chūqù ba.

③ 상태보어

- 他把房间布置得漂漂亮亮的。 그는 방을 매우 아름답게 꾸몄다.
  Tā bǎ fángjiān bùzhì de piàopiao liàngliàng de.

- 我同屋每天都把房间打扫得很干净。 내 룸메이트는 매일 방을 아주 깨끗이 청소한다.
  Wǒ tóngwū měi tiān dōu bǎ fángjiān dǎsǎo de hěn gānjìng.

锁 suǒ 잠그다, 열쇠 | 布置 bùzhì 꾸미다, 장식하다

④ 동사 중첩과 동량사

- 快把黑板擦一擦。　빨리 칠판을 좀 지워 주세요.
  Kuài bǎ hēibǎn cā yi cā.

- 你把椅子往前挪一下，行吗？　의자를 좀 앞으로 옮겨 주시겠어요?
  Nǐ bǎ yǐzi wǎng qián nuó yíxià, xíng ma?

4. 把자문의 부정형: 把 앞에 没有, 不, 别를 넣는다.

- 你别把窗户打开。　창문을 열지 마세요.
  Nǐ bié bǎ chuānghu dǎ kāi.

- 我没有把作业写完。　숙제를 다 하지 않았다.
  Wǒ méi yǒu bǎ zuòyè xiě wán.

LEVEL UP

부사의 위치

- 我已经把你要的菜全部都点完了。
  Wǒ yǐjīng bǎ nǐ yào de cài quánbù dōu diǎn wán le.

- 我要把他说的事情全都记下来。
  Wǒ yào bǎ tā shuō de shìqing quán dōu jì xiàlái.

已经처럼 대부분의 부사는 把 앞에 출현하지만, 都나 全(部)와 같은 부사는 동사 앞에 출현하는 것이 일반적이다.

5. 把자문의 의문형: 문장 끝에 吗나 没有를 부가하여 묻는다.

- 你把护照带来了吗？　여권 가져 왔어요?
  Nǐ bǎ hùzhào dài lái le ma?

- 你把垃圾扔掉了没有？　쓰레기 버렸나요?
  Nǐ bǎ lājī rēng diào le méi yǒu?

擦 cā 닦다, 문지르다　|　挪 nuó 옮기다　|　全部 quánbù 전부, 모두　|　护照 hùzhào 여권　|　垃圾 lājī 쓰레기

6. 把 앞에 오는 성분: 조동사와 부사는 把 앞에 위치한다.

- 不要把身体弄坏了。 몸을 상하게 하지 마세요.
  Bú yào bǎ shēntǐ nòng huài le.

- 小李，能不能把音乐调小一点? 샤오리, 음악 소리를 좀 줄여줄 수 있겠니?
  Xiǎo Lǐ, néng bu néng bǎ yīnyuè tiáo xiǎo yìdiǎn?

- 我已经把日程安排好了。 저는 이미 일정을 세워 놓았습니다.
  Wǒ yǐjīng bǎ rìchéng ānpái hǎo le.

7. 把자문에 쓸 수 없는 동사: 是, 有, 来, 去, 知道, 听见 등과 같은 동사는 어떤 대상을 변화시키거나 이동시키는 의미가 없기 때문에 把자문에 쓸 수 없다.

- 我把这件事知道了。(✗) 난 이 일을 알아요.
  Wǒ bǎ zhè jiàn shì zhīdào le.

- 我把那个消息听见了。(✗) 난 그 소식을 들었어요.
  Wǒ bǎ nàge xiāoxi tīng jiàn le.

자주 틀리는 문장

- 你把那句话念。(✗)
  → 你把那句话念一念。/ 你把那句话念一下。(○)
- 我把一瓶矿泉水买来了。(✗)
  → 我把矿泉水买来了。/ 我买来了一瓶矿泉水。(○)

확인학습

1. 다음 문장에서 제시된 단어가 들어갈 알맞은 위치를 찾으세요.

① 我 ⓐ 把 ⓑ 衣服 ⓒ 洗 ⓓ 干净。　　　　　没

② 我 ⓐ 把 ⓑ 作业 ⓒ 交 ⓓ 上去了。　　　　已经

③ 我 ⓐ 把 ⓑ 房间 ⓒ 收拾得 ⓓ 很整齐。　　想

④ 你 ⓐ 把 ⓑ 衣服 ⓒ 弄 ⓓ 脏了。　　　　　别

정답

1. ① ⓐ　② ⓐ　③ ⓐ　④ ⓐ

调 tiáo 조절하다 | 日程 rìchéng 일정, 스케줄 | 安排 ānpái 배치하다, 마련하다 | 念 niàn (소리 내어) 읽다 |
矿泉水 kuàngquánshuǐ 생수 | 收拾 shōushi 치우다, 정돈하다 | 整齐 zhěngqí 정연하다 | 脏 zāng 더럽다

48

[소실동사＋了]로 구성되는 把자문 익히기

我把酒喝了。

我把酒喝了。
Wǒ bǎ jiǔ hē le.
나는 술을 마셔버렸어.

▸ 소실동사 喝와 了로만
구성되는 把자문이다.

1. [소실동사＋了]로 구성되는 把자문: 동작의 발생과 함께 목적어가 소실되게 하는 동사들이 있다. 이러한 동사가 了와 결합하여 把자문에 쓰이면 '특정 대상이 소실됨'을 나타낸다. 위 문장에서 '마시다(喝)'라는 동작을 하면 '술(酒)'은 줄어들게 되므로 喝는 소실동사이다. 소실동사가 아니라면 了와 결합하여 把자문을 구성할 수 없다.

> **ex** 吃 먹다, 喝 마시다, 丢 잃어버리다, 掉 떨어뜨리다, 扔 버리다,
> 卖 팔다, 退 환불하다, 戒 끊다, 脱 벗다 ……

我	把	酒	喝	了。
주어		목적어	소실동사	

- 我把他删了。 나 걔 (친구 목록에서) 삭제했어.
  Wǒ bǎ tā shān le.

- 今年我把烟戒了。 올해 나는 담배를 끊었다.
  Jīnnián wǒ bǎ yān jiè le.

- 我劝你们把票退了吧。 내 생각에 너희는 표를 환불하는 게 좋겠어.
  Wǒ quàn nǐmen bǎ piào tuì le ba.

- 咱们把之前的事儿忘了，好吗? 우리 예전 일은 잊도록 하자.
  Zánmen bǎ zhīqián de shìr wàng le, hǎo ma?

확인학습

1. 틀린 곳을 찾아 바르게 고치세요.

① 我把车买了。 ② 快把大衣穿了。

 정답

1. ① 我把车卖了。 ② 快把大衣穿上。 / 快把大衣脱了。

删 shān 삭제하다 | 戒烟 jièyān 담배를 끊다 | 劝 quàn 타이르다, 권하다 | 之前 zhīqián 이전

49 동사 뒤에 결과보어가 오는 把자문 익히기

我可以把行李寄存在这儿吗?

我可以把行李寄存在这儿吗？
Wǒ kěyǐ bǎ xíngli jìcún zài zhèr ma?
짐을 여기에 맡길 수 있나요?

▶ 동사 뒤에
[在+장소]가 왔다.

---

1. **동사 뒤에 목적어가 오는 把자문:** 把자문의 동사 뒤에 在, 到, 给, 成 등이 다른 목적어와 함께 오는 경우가 있다. 把와 쓰인 목적어가 어느 위치로 이동하였는지, 소유자는 누구로 바뀌었는지, 그 형태는 어떻게 바뀌었는지를 더 자세히 표현할 수 있다.

❶ **在:** 뒤에 장소를 가리키는 말이 오며, 대상의 위치를 나타낸다.

- 你把车停在哪儿了?　차는 어디에 세웠어요?
  Nǐ bǎ chē tíng zài nǎr le?

- 你不应该把衣服放在沙发上。　옷을 소파 위에 놓으면 안 됩니다.
  Nǐ bù yīnggāi bǎ yīfu fàng zài shāfā shang.

- 我昨天把手机忘在车上了。　나는 어제 휴대폰을 차에 놓고 내렸어.
  Wǒ zuótiān bǎ shǒujī wàng zài chē shang le.

❷ **到:** 대상이 이르는 지점, 도착지를 나타낸다.

- 请大家把书翻到第十二页。　여러분, 책 12쪽을 펴보세요.
  Qǐng dàjiā bǎ shū fān dào dì shí'èr yè.

- 麻烦你把这个文件送到总裁办公室去。
  Máfan nǐ bǎ zhège wénjiàn sòng dào zǒngcái bàngōngshì qù.
  죄송하지만 이 서류를 대표 사무실로 가져가 주세요.

❸ **给:** 대상의 위치나 소유·소속 관계가 바뀌었음을 나타낸다.

- 把我的手机还给我。　내 휴대폰 돌려줘.
  Bǎ wǒ de shǒujī huán gěi wǒ.

- 请你把这封信寄给他。　이 편지를 그에게 보내 주세요.
  Qǐng nǐ bǎ zhè fēng xìn jìgěi tā.

- 麻烦您帮我把这个交给王总。　죄송하지만 이것을 왕 대표에게 건네 주세요.
  Máfan nín bāng wǒ bǎ zhège jiāo gěi Wáng zǒng.

寄存 jìcún 맡기다, 보관시키다 ｜ 翻 fān (책을) 펼치다 ｜ 页 yè 쪽, 페이지 ｜ 总裁 zǒngcái 대표, 회장

④ 成: 대상의 형태나 성질이 다른 것으로 바뀌었음을 나타낸다.

- 我想把美元换成人民币。　저는 달러를 위안화로 바꿀 생각이에요.
  Wǒ xiǎng bǎ Měiyuán huàn chéng Rénmínbì.

- 我要把我的简历翻译成中文。　나는 내 이력서를 중국어로 번역할 거야.
  Wǒ yào bǎ wǒ de jiǎnlì fānyì chéng Zhōngwén.

자주 틀리는 문장

- 我常常放手机在床上。(✗) → 我常常把手机放在床上。(○)
- 你把那些资料不应该交给他。(✗) → 你不应该把那些资料交给他。(○)

확인학습

1. 다음 빈칸에 알맞은 단어를 넣으세요.

① 我平时把信用卡放___手机壳里。
   나는 평소에 신용카드를 휴대폰 케이스에 넣고 다닌다.

② 我小时候爷爷每天都把我送___幼儿园。
   내가 어렸을 때 할아버지는 매일 나를 유치원까지 데려다 주셨다.

③ 我把这张照片发___你吧。
   이 사진을 너에게 보내줄게.

④ 如果把这个词翻译___中文怎么说?
   이 단어를 중국어로 번역하면 뭐라고 해야 하죠?

⑤ 请您把快递放___家门口。
   택배는 문 앞에 놓아 주세요.

 정답

1. ① 在　② 到　③ 给　④ 成　⑤ 在

美元 Měiyuán 미국 달러 ｜ 人民币 Rénmínbì 위안화 ｜ 简历 jiǎnlì 이력서 ｜ 信用卡 xìnyòngkǎ 신용 카드 ｜
幼儿园 yòu'éryuán 유치원 ｜ 快递 kuàidì 택배

50

被 피동문 익히기

我被老师批评了。

我被老师批评了。
Wǒ bèi lǎoshī pīpíng le.
나 선생님께 혼났어.

▶ 被를 사용한 피동문이다.

1. **被 피동문**: 전치사 被를 사용하여 피동문을 만들 수 있다. 보통 주어가 바라지 않는 손해를 입었을 때 사용한다.

> 我　　被　　(老师)　　批评　　了。
> 동작의 대상　(동작의 행위자)　동사　기타 성분

주어는 일반적으로 동작을 받는 대상이고, 被는 동작의 행위자를 이끈다. 被가 이끄는 행위자를 강조할 필요가 없다면 생략할 수 있다. 被자문에서 동사는 단독으로 올 수 없고 다른 성분과 함께 쓰이는데, 보통 了, 보어 등이 쓰인다.

- 我被(老师)批评了。　나는 (선생님께) 혼났다.
  Wǒ bèi (lǎoshī) pīpíng le.

- 他被欺负了。　그는 괴롭힘을 당했다.
  Tā bèi qīfu le.

2. 被 대신 给, 让, 叫도 사용이 가능하다. 다만 让, 叫를 사용할 경우 동작의 행위자는 생략이 불가능하다.

- 我的钱包被(小偷)偷走了。　내 지갑을 도둑이 훔쳐갔어요.
  Wǒ de qiánbāo bèi (xiǎotōu) tōu zǒu le.

- 他被(汽车)撞伤了。　그는 (차에) 치여서 다쳤어요.
  Tā bèi (qìchē) zhuàng shāng le.

- 我的电动车给丢了。　내 전동차를 잃어버렸어요.
  Wǒ de diàndòngchē gěi diū le.

批评 pīpíng 꾸짖다 ｜ 欺负 qīfu 괴롭히다 ｜ 钱包 qiánbāo (돈)지갑 ｜ 小偷 xiǎotōu 도둑 ｜ 偷 tōu 훔치다 ｜
撞 zhuàng 부딪히다 ｜ 伤 shāng 다치다

- 我的车让小李骑走了。　내 자전거를 샤오리가 끌고 갔어요.
  Wǒ de chē ràng Xiǎo Lǐ qí zǒu le.

  我的车让骑走了。(✗)

3. 被 피동문의 부정형: 没有를 사용하며 被 앞에 쓴다.

- 他没有被老师批评。　그는 선생님께 혼나지 않았어.
  Tā méi yǒu bèi lǎoshī pīpíng.
- 自行车没有被小李借走。　자전거는 샤오리가 빌려가지 않았어.
  Zìxíngchē méi yǒu bèi Xiǎo Lǐ jiè zǒu.

4. 被 피동문의 의문형: 문장 끝에 吗를 쓴다.

- 他被老师批评了吗?　걔 선생님한테 혼났어?
  Tā bèi lǎoshī pīpíng le ma?
- 小偷被警察抓住了吗?　도둑이 경찰에게 잡혔니?
  Xiǎotōu bèi jǐngchá zhuā zhù le ma?

5. 피동문에는 지각동사도 쓰일 수 있다.

- 我被他看见了。　그가 나를 보았다.
  Wǒ bèi tā kàn jiàn le.
- 我们俩的话被妈妈听见了。　우리 둘의 말을 엄마가 들었다.
  Wǒmen liǎ de huà bèi māma tīng jiàn le.

LEVEL UP

불이익이나 손해의 의미가 아니라도 被가 없으면 의미가 불분명해져서 被를 반드시 써야 하는 경우가 있다.

- 小李被公司派到上海去工作。　회사에서 샤오리를 상하이에서 일하도록 발령 보냈다.
  Xiǎo Lǐ bèi gōngsī pài dào Shànghǎi qù gōngzuò.
- 他被大家选为班长。　그는 모두에 의해 반장으로 선출되었다.
  Tā bèi dàjiā xuǎnwéi bānzhǎng.

警察 jǐngchá 경찰 ｜ 抓 zhuā 붙잡다

- 他没有被撞伤了。(✗) → 他没有被撞伤。(O)
- 我的平板电脑被弟弟借了。(✗) → 我的平板电脑被弟弟借走了。(O)
- 我的鞋子被那个孩子脏了。(✗) → 我的鞋子被那个孩子弄脏了。(O)

확인학습

1. 다음 단어를 알맞게 배열하여 문장을 만들어 보세요.

① 他 / 被 / 爸爸 / 没有 / 批评

② 伤 / 被 / 手机屏幕 / 刮 / 了

③ 我的旧玩具 / 让 / 都 / 妈妈 / 送人 / 了

④ 被 / 哥哥 / 卖 / 我的 / 了 / 旧电脑

1. ① 他没有被爸爸批评。　② 手机屏幕被刮伤了。　③ 我的旧玩具都让妈妈送人了。
　④ 我的旧电脑被哥哥卖了。

平板电脑 píngbǎn diànnǎo 태블릿PC ｜ 鞋子 xiézi 신, 신발 ｜ 屏幕 píngmù 액정화면 ｜ 刮 guā 긁다, 깎다 ｜
旧 jiù 낡은, 오래된 ｜ 玩具 wánjù 장난감

51

被가 없는 무표지 피동문 익히기

杯子打碎了。

杯子打碎了。

Bēizi dǎ suì le.

컵이 깨졌다.

▶ 被는 없지만 '컵이 깨졌다'라는
피동의 뜻으로 해석되는
무표지 피동문이다.

1. **무표지 피동문:** 被 없이도 의미상 피동으로 해석되는 피동문을 가리키며, 被자문보다 더 자주 사용된다. 주어가 동작의 영향을 받는 사물일 때 被 없이 피동문을 만들 수 있다.

- 饭吃完了。   밥을 다 먹었다.
  Fàn chī wán le.

- 软件安装好了。   프로그램을 다 깔았다.
  Ruǎnjiàn ānzhuāng hǎo le.

- 推荐信已经寄走了。   추천서를 이미 발송하였다.
  Tuījiàn xìn yǐjīng jì zǒu le.

2. 주어가 사람이지만 술어의 행위자가 될 수 없을 때도 被 없이 피동문을 만들 수 있다.

- 小偷抓住了。   도둑을 잡았다.
  Xiǎotōu zhuā zhù le.

하지만 주어가 행위자인지 행위를 받는 대상인지 분명하지 않을 경우에는 被를 쓴다.

- 他被批评了。   그는 혼났다.
  Tā bèi pīpíng le.

  他批评了。(✕)

확인학습

1. 다음 한국어 문장을 被 없는 피동문으로 바꿔 보세요.

① 저녁 식사했어요?   ② 편지 다 썼어요.

 정답

1. ① 晚饭吃过了吗?   ② 信写好了。

碎 suì 깨지다 | 软件 ruǎnjiàn 소프트웨어, 앱 | 安装 ānzhuāng (프로그램을) 설치하다 | 推荐信 tuījiànxìn 추천서

연습문제

1 그림을 보고 빈칸에 알맞은 표현을 넣어 문장을 완성하세요.

①

我要把美元换＿＿＿＿＿＿＿＿。

②

请把＿＿＿＿＿＿＿＿。

③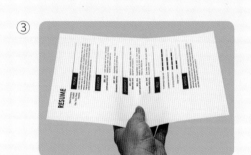

我要把我的简历＿＿＿＿＿＿＿＿
英文。

④

手机屏幕被＿＿＿＿＿＿＿＿。

⑤

孩子被妈妈＿＿＿＿＿＿＿＿。

⑥

我＿＿＿＿＿＿＿＿咬了。

蚊子 wénzi 모기 | 咬 yǎo (벌레가) 물다

연습문제

2 다음 문장에서 틀린 부분을 바르게 고치세요.

① 我把那条围巾没有送给他。

② 我放我的书包在沙发上了。

③ 你把可回收垃圾不应该扔在垃圾桶里。

④ 她把一本书送给我了。

⑤ 一个杯子被他打碎了。

可回收垃圾 kě huíshōu lājī 재활용 쓰레기 ｜ 垃圾桶 lājītǒng 쓰레기통

3 괄호 속 표현이 들어갈 알맞은 위치를 찾으세요.

① 请 ⓐ 你 ⓑ 帽子 ⓒ 摘下来 ⓓ 。　　把

② 他 ⓐ 被 ⓑ 老师 ⓒ 批评 ⓓ 。　　没有

③ 我的鞋子 ⓐ 被 ⓑ 那个孩子 ⓒ 脏 ⓓ 了。　　弄

④ 现在雾霾严重，ⓐ 把 ⓑ 窗户 ⓒ 打开 ⓓ 。　　不要

⑤ 你的笔 ⓐ 被 ⓑ 小王 ⓒ 拿 ⓓ 走了。　　可能

摘 zhāi (모자 따위를) 벗다

4 把를 사용하여 중국어로 번역하세요.

① 나는 돈을 다 썼다.

② 난 그 영화를 아직 다 못 봤어.

③ 제가 창문을 닫아도 되겠습니까?

④ 나는 사온 과일을 깨끗하게 씻었다.

⑤ 의자를 앞으로 조금 옮겨 주시겠어요?

⑥ 내 룸메이트가 방을 깨끗이 청소했다.

⑦ (종업원에게) 저기요, 죄송한데 불 좀 줄여주세요.

Chapter

13

어순 (3)

52 昨天来了一个人。

那个人已经回来了。
Nàge rén yǐjīng huílái le.
그 사람은 이미 돌아왔어.

▶ 술어 앞에 오는 성분은
이미 알고 있는 한정 성분이다.

昨天来了一个人。
Zuótiān lái le yí ge rén.
어제 어떤 사람이 왔어.

▶ 불특정한 비한정적 대상은
술어 뒤에 위치한다.

---

1. **한정 성분과 비한정 성분:** 중국어의 기본 어순은 [주어(S) + 술어(V) + 목적어(O)]인데, 주어는 일반적으로 이미 알고 있는 한정 성분이 온다. 비한정 성분은 주어 자리에 오지 않으며, 대개 동사 뒤 목적어 자리에 온다.

① **한정(definite) 성분:** 의사소통 과정에서 화자나 청자가 이미 알고 있는 대상이다.

· 那本书是昨天新买的。　그 책은 어제 새로 산 거야.
　Nà běn shū shì zuótiān xīn mǎi de.

· 他们已经回来了。　그들은 이미 돌아왔어.
　Tāmen yǐjīng huílái le.

② **비한정(indefinite) 성분:** 의사소통 과정에서 화자나 청자가 잘 모르는 불특정한 대상이다.

· 昨天他买了一本书。　어제 그는 책 한 권을 샀어.
　Zuótiān tā mǎi le yì běn shū.

· 老师给我提出了一个宝贵的意见。　선생님이 나에게 소중한 의견을 주셨어.
　Lǎoshī gěi wǒ tíchū le yí ge bǎoguì de yìjiàn.

提出 tíchū 제안하다, 제시하다 ｜ 宝贵 bǎoguì 소중하다, 귀하다

2. **한정성과 어순 제약:** 술어 앞에는 일반적으로 화자나 청자가 이미 알고 있는 한정 성분이 온다. 그러므로 앞에서도 언급했듯이 화자나 청자가 잘 모르는 비한정 성분은 주어의 위치에 올 수 없다.

- 那些动漫我已经看完了。(O) 그 애니메이션은 내가 이미 다 봤어.
  Nà xiē dòngmàn wǒ yǐjīng kàn wán le.
- 一些动漫我已经看完了。(✗) 어떤 애니메이션을 나는 이미 다 봤어.
  Yìxiē dòngmàn wǒ yǐjīng kàn wán le.

화자나 청자가 잘 모르는 불특정한 비한정 성분은 대개 동사술어 뒤에 위치한다.

- 我已经看完了一本书。 나는 이미 책 한 권을 다 봤어.
  Wǒ yǐjīng kàn wán le yì běn shū.

의미적으로 동작의 행위자라도 비한정 성분이면 주어 자리에 올 수 없다.

  어떤 사람이 왔어.

- 一个人来了。(✗) ➡ 来了一个人。(O)
  Yí ge rén lái le.   Lái le yí ge rén.
  ❯ 이러한 문장을 '존현문'이라고 한다. 존현문은 새로운 사람이나 사물이 존재하거나 출현한 것을 나타내는 문형이다. Chapter 07/30 참조

3. **어순에 따른 한정성의 차이:** 수식 성분 없이 명사가 단독으로 주어나 목적어로 사용될 때 한정성이 달라진다. 명사가 동사 앞 주어 자리에 오면 한정적인 의미를 나타낸다. 반면 동일한 명사가 동사 뒤 목적어 자리에 오면 비한정적인 의미를 나타낸다.

- 衣服买来了。 (그) 옷을 사 왔어.
  Yīfu mǎi lái le.
  ❯ 주어로 쓰인 衣服는 화자와 청자가 알고 있는 특정 옷을 가리킨다.
- 我去买衣服。 나는 옷 사러 가.
  Wǒ qù mǎi yīfu.
  ❯ 목적어로 쓰인 衣服는 일반적 개념의 불특정 옷을 가리킨다.

위 예문은 중국어 어순이 어법 기능을 담당하는 것을 보여준다. 어순에 따라 문장성분도 달라지고 의미도 달라진다.

动漫 dòngmàn 애니메이션, 만화

- 昨天一个外国学生来了我们班。(✗) → 昨天我们班来了一个外国学生。(O)
- 电影院门口很多年轻人站着。(✗) → 电影院门口站着很多年轻人。(O)
- 这是我的房间，一台电脑放在左边，一个小冰箱放在右边。(✗)
  → 这是我的房间，左边放着一台电脑，右边放着一个小冰箱。(O)

확인학습

1. 다음 대화에서 한국어 문장을 중국어로 말해 보세요.

  A: 听说你最近租到了一个新房子，怎么样?

  B: 非常满意，离地铁站很近，房租也很便宜。

  A: 太好了。两室一厅的吗?

  B: 对，两边是两间卧室，

  _____ (중간에 거실이 하나 있어.)

 정답

1. B: 中间隔着一间客厅。 / 中间有一个客厅。

房租 fángzū 집세, 임대료 | 两室一厅 liǎng shì yì tīng 방 두 개에 거실 하나(의 집) | 卧室 wòshì 침실 | 隔 gé 차단
하다, 떨어져 있다 | 客厅 kètīng 거실

화제 구문의 어순 이해하기

53 苹果我喜欢吃。

苹果我喜欢吃。
Píngguǒ wǒ xǐhuan chī.
사과는 내가 좋아해.

▶ 苹果는 진술의 대상이 되는 화제이며, 이 성분은 맨 앞에 온다.

1. **'화제(topic)−평언(comment)':** 중국어 문장성분은 '화제(topic)'와 '평언(comment)'으로 나눌 수 있다. 화제는 중국어 문장 구조의 두드러진 특징 중 하나로서 화자가 진술하고자 하는 대상을 가리킨다. 평언은 화제에 대해서 진술하고자 하는 부분이다. 따라서 중국어 문장은 화제를 먼저 알려주고 이어서 화제에 대해 진술하는 [화제＋평언]의 어순으로 구성된다.

화제(Topic)	평언(Comment)		
	주어	술어	목적어

- 苹果 我喜欢吃。　사과는 내가 좋아해.
  화제　평언

- 那部电影 我已经看过了。　그 영화는 내가 이미 봤어.
  화제　　　평언

- 火锅 我最喜欢吃辣的。　훠궈는 난 매운 것을 가장 좋아해.
  화제　　평언

- 衣服 新的好，朋友 旧的好。　옷은 새 것이 좋고, 친구는 오래될수록 좋다.
  화제　평언　　화제　평언

13 어순 (3)　203

2. **화제의 위치:** 화제가 되는 문장성분은 일반적으로 문장의 앞에 위치한다. 아래 예문에서 맨 앞에 위치한 那个人, 这种苹果, 现在流行的饭圈文化는 모두 화제로서 진술의 대상이 된다. 중국어의 화제는 대개 한국어로 '~은(는)'으로 번역된다.

- 那个人，我不认识。 그 사람은 내가 잘 몰라.
  Nàge rén, wǒ bú rènshi.

- 这种苹果，吃起来口感特别好。 이 사과는 먹어보니 식감이 아주 좋아.
  Zhè zhǒng píngguǒ, chī qǐlái kǒugǎn tèbié hǎo.

- 现在流行的饭圈文化，大家的看法都不一样。
  Xiànzài liúxíng de fànquān wénhuà, dàjiā de kànfǎ dōu bù yíyàng.
  지금 유행하는 팬클럽 문화는 사람마다 관점이 모두 달라.

3. **'화제화'하기:** 말하고자 하는 대상에 강조나 대조 등 특정 의미를 부각시키기 위해 화제로 만들어 표현할 수 있다. 이러한 것을 '화제화'라고 한다.

- 他明白这句话的意思。 그는 이 말의 의미를 이해해.
  Tā míngbai zhè jù huà de yìsi.

  화제화 → 这句话的意思，他明白。 이 말의 의미는 그가 이해해.
  Zhè jù huà de yìsi, tā míngbai.

- 我不想参加同学聚会。 나는 동창회 모임에 참석하기 싫어.
  Wǒ bù xiǎng cānjiā tóngxué jùhuì.

  화제화 → 同学聚会，我不想参加。 동창회 모임은 난 참석하기 싫어.
  Tóngxué jùhuì, wǒ bù xiǎng cānjiā.

위와 같은 화제화 어순을 사용하면 화제가 되는 성분이 문장 앞에 명시적으로 드러나서 해당 문장이 무엇에 대해서 말하려는지 알 수 있다.

口感 kǒugǎn 식감, 맛 | 流行 liúxíng 유행하다 | 饭圈 fànquān 팬클럽 [粉丝圈 fěnsīquān을 줄여서 부르는 말] |
明白 míngbai 이해하다, 분명하다 | 聚会 jùhuì 모임, 회합

중국어는 화제 중심의 언어

중국어 문장은 먼저 화제를 제시하는 것이 특징이다. 화제가 문장에서 주어로 실현되는 경우가 많아 화제를 넓은 의미의 주어로 보기도 한다. 화제는 다음과 같은 몇 가지 특징이 있다.

① 문장 맨 앞에 오거나 평언 앞에 온다.
② 뒤에 표지(어기사)나 휴지(pause)를 둘 수 있다.
③ 문장 전체의 주제를 이끄는 역할을 한다.
④ 화자와 청자가 알고 있는 어떤 대상이다.

- <u>小李</u>，我以前跟他一起去过香港。　샤오리와는 예전에 홍콩에 함께 간 적이 있어.
  Xiǎo Lǐ, wǒ yǐqián gēn tā yìqǐ qù guo Xiānggǎng.

- <u>那个孩子呢</u>，我们越夸他越骄傲。　그 앤 말이야, 우리가 칭찬할수록 교만해져.
  Nàge háizi ne, wǒmen yuè kuā tā yuè jiāo'ào.

- <u>玫瑰嘛</u>，花是红色，叶子是绿色。　장미는 꽃은 붉지만, 잎은 녹색이지.
  Méigui ma, huā shì hóngsè, yèzi shì lǜsè.

[동사+목적어] 구조로 된 이합동사도 목적어 성분이 동사 앞으로 와서 화제화할 수 있다.

- 花钱　➡　钱都花完了。　돈을 다 썼다.
  huāqián　　Qián dōu huā wán le.

- 吃苦　➡　这些苦我都吃过了。　이런 고생들은 이미 다 겪어봤어.
  chīkǔ　　Zhèxiē kǔ wǒ dōu chī guo le.

확인학습

1. 다음 대화에서 한국어 문장을 중국어로 말해 보세요.

　A: 欢迎光临! 你要喝什么?
　B: 我要一杯珍珠奶茶。
　A: 你要热的，还是凉的?
　B: 热的。大杯和小杯价位不一样吗?
　A: _____ (작은 건 10위안이고, 큰 건 13위안이에요.)
　B: 好的。我要大杯。

　1. A: 小杯10元，大杯13元。

夸 kuā 칭찬하다, 치켜세우다 ｜ 越 yuè 점점, 더욱 ｜ 骄傲 jiāo'ào 교만하다, 오만하다 ｜ 玫瑰 méigui 장미(꽃) ｜
叶子 yèzi 잎, 잎사귀 ｜ 珍珠奶茶 zhēnzhū nǎichá 버블 밀크티 ｜ 价位 jiàwèi 가격대, 가격 수준

54 从八点看书看到晚上十点。

从八点看书看到晚上十点。
Cóng bā diǎn kàn shū kàndào wǎnshang shí diǎn.
8시부터 밤 10시까지 책을 봤어.

▶ 문장 성분은 시간
순서대로 배열한다.

1. **시간 순서의 원리:** 중국어 문장 성분은 일반적으로 동작의 순서(선후관계)에 따라 배열된다. 이러한 것을 중국어 문법에서는 시간 순서의 원리(The principle of temporal sequence)라고 한 다. 즉 한 문장에 두 개 이상의 동사나 전치사가 올 때는 동작의 시간 순서에 따라 배열하는 것이 일반적이다.

- 弟弟去超市买东西。 동생은 슈퍼에 물건을 사러 갔어.
  Dìdi qù chāoshì mǎi dōngxi.

- 我去图书馆借一本书。 나는 도서관에 책을 빌리러 갔어.
  Wǒ qù túshūguǎn jiè yì běn shū.

- 他们坐飞机来到韩国。 그들은 비행기를 타고 한국에 왔어.
  Tāmen zuò fēijī lái dào Hánguó.

2. **문장 성분의 배열 순서와 의미의 차이:** 중국어에서 동사구, 전치사구, 부사구는 일정한 시간 순서에 따라 배열된다. 만일 순서가 바뀌면 의미가 달라진다.

① **전치사구와 동사구의 어순:** 전치사구가 동사 앞에 위치하면 시간 순서 상 앞서 존재하는 배 경 정보를 나타낸다. 반면에 전치사구가 동사 뒤에 오면 시간 순서 면에서 동작이 일어난 뒤의 결과를 나타낸다. 다음 예문이 전형적인 그 차이를 보여준다.

> 제시어 원숭이, 말, 뛰다

- 小猴子 <u>在马背上</u> <u>跳</u>。 원숭이가 말 위에서 뛴다.
  　　　　배경(선행)　동작(후행)

- 小猴子 <u>跳</u> <u>在马背上</u>。 원숭이가 말 등 위로 뛰었다.
  　　　동작(선행)　결과(후행)

② **부사어와 보어의 어순과 의미**: 동일한 성분이라도 동사 앞 부사어로 쓰일 때와 동사 뒤의 보어로 쓰일 때의 의미가 다르다. 어순 배열에 따라 부사어와 동사의 시간 순서가 다르게 인지된다. 아래에서 '很认真(열심히)'이 동사 앞에 오면 행위자의 동작을 묘사한다. 만약 동일한 성분이 동사 뒤에 오면, 동작이 발생한 다음의 결과나 행위에 대한 평가의 의미를 나타낸다.

> 제시어 그 사람, 공부하다, 열심히

- 他 很认真 地 学习。　그는 열심히 공부한다. **[행위 묘사]**
　　　배경(선행)　　동작(후행)

- 他 学习 得 很认真。　그는 공부를 열심히 한다. **[행위 평가]**
　　동작(선행)　　결과(후행)

③ **겸어문 어순의 시간 순서**: 겸어문의 어순도 논리적으로 시간 순서의 원칙에 부합한다. 먼저 오는 동사가 시간적으로 선행되고 뒤에 오는 동사가 시간적으로 후행된다.

- 今天晚上我请你吃饭。　오늘 저녁에 내가 너에게 밥 살게.
　　　　　선행　후행

- 老师让我用汉语回答问题。　선생님이 나에게 중국어로 대답하게 했어.
　　　선행　　　　후행

- 公司派我来韩国工作。　회사는 나를 한국에 파견해서 근무하게 했다.
　　　선행　후행

확인학습

1. 다음 문장을 중국어로 말해 보세요.

① 원숭이가 나무에서 이리저리 뛰어다닌다.

② 펭귄이 바다로 뛰어 들어간다.

 정답

1. ① 猴子在树上跳来跳去。　② 企鹅跳到海里去。

猴子 hóuzi 원숭이 ｜ 马 mǎ 말 ｜ 企鹅 qǐ'é 펭귄

복잡한 수식어 어순 배열의 원칙 이해하기

55 1990年代出生的一代中国年轻人被称为90后。

1990年代 出生的 一代 中国 年轻人
yī jiǔ jiǔ líng niándài chūshēng de yídài Zhōngguó niánqīngrén

1990년대에 태어난 중국의 젊은 세대

▶ 시간, 장소, 범위를 나타내는 수식어가 먼저 오고,
속성이나 성질을 나타내는 수식어는 뒤에 온다.

---

1. **어순 복잡성 최소화의 원리:** 의사소통 과정에서 어순은 쉽고 빠르게 인지하도록 복잡성을 최소화하는 방향으로 배열되는 것이 일반적이다. 문장성분을 쉽게 파악하도록 어순을 배열하는 것이 언어를 이해하는 데 효율적이기 때문이다. 중국어 어순도 핵심 성분이 빨리 파악되도록 복잡한 수식어는 일정한 방향으로 정렬된다.

2. **복잡한 명사 수식어 어순:** 단순한 수식어는 명사와 인접하여 사용되고 복잡하고 긴 수식어는 명사 바깥쪽에 위치한다.

복잡한 수식어	단순한 수식어	중심어
범위, 소유, 지시, 수량	속성	중심명사

- 속성이나 종류를 나타내는 수식어는 명사에 가장 가까이 위치한다.
- 지시사와 수량사는 속성을 나타내는 수식어보다 바깥쪽에 위치한다.
- 的를 동반하는 동사구, 형용사구, 전치사구는 바깥쪽에 위치한다.

- 一只 小 鸟 작은 새 한 마리
  수량사 형용사 중심명사

- 那 两个 小 女孩儿 그 어린 여자아이 두 명
  지시사 수량사 형용사 중심명사

- 老师给我们介绍的 那部 中国电影 선생님이 우리에게 소개한 중국영화
  동사구 지시사 양사 중심명사

90后 jiǔlíng hòu 90년대에 태어난 사람 | 鸟 niǎo 새

- 在院子里的　　那两只　　黑狗　마당에 있는 그 검은 개 두 마리
　　전치사구　　　지시사 수량사　중심명사

지시사, 수량사, 的자구는 모두 바깥쪽에 위치하는 수식어이다. 이들이 동시에 출현할 때, 的자구는 지시사, 수량사에 선행할 수도 있고 후행할 수도 있다.

- 那个戴眼镜的小孩儿很可爱。 / 戴眼镜的那个小孩儿很可爱。
  Nàge dài yǎnjìng de xiǎoháir hěn kě'ài.　Dài yǎnjìng de nàge xiǎoháir hěn kě'ài.
  안경을 쓴 그 아이는 매우 귀엽다.

- 那两部刚买的手机 / 刚买的那两部手机
  nà liǎng bù gāng mǎi de shǒujī / gāng mǎi de nà liǎng bù shǒujī
  방금 구입한 그 두 대의 휴대폰

3. 복잡한 동사 수식어 어순: 중국어에서 부사어의 어순은 동사를 수식하는 범위에 따라 비교적 자유롭지만 대체로 다음과 같은 배열 순서를 가진다.

비묘사성 부사어		묘사성 부사어
어기, 시간 ＜ 장소, 범위, 빈도, 정도, 부정	＜ 방식, 묘사	＜ 중심술어

- ◎ 시간을 표시하는 부사어는 일반적으로 바깥쪽에 위치한다.
- ◎ 문장 전체를 수식하는 어기부사는 바깥쪽에 위치한다.
- ◎ 부정부사, 범위부사, 빈도부사는 시간부사, 어기부사 뒤에 위치한다.
- ◎ 동작의 방식이나 상황을 묘사하는 부사어는 중심술어에 가까이 위치한다.
- ◎ 장소, 대상, 목적, 방향 등을 나타내는 전치사구는 수식의 범위에 따라 위치가 가변적이다.

- 爷爷　每天　在家　亲自　做饭。　할아버지는 매일 집에서 손수 요리를 하셔.
　　　　시간　장소　방식　중심술어

- 你们　一定　要　跟老师　好好　商量。　너희는 반드시 선생님과 잘 상의해야 해.
　　　　어기　　　대상　　방식　중심술어

- 学生代表　已经　都　报到了。　학생 대표단은 모두 도착 보고를 했다.
　　　　　　시간　범위　중심술어

亲自 qīnzì 직접, 몸소, 친히 ┃ 代表 dàibiǎo 대표, 대표하다 ┃ 报到 bàodào (회의나 모임에) 도착 신고하다, 등록하다

중심어 근접성의 원리

중심술어와 목적어가 최대한 빨리 파악되도록 가까이 배열되는 경향성은 여러 언어에서 관찰된다. [술어(V)+목적어(O)]의 어순의 중국어도 중심술어와 중심목적어가 최대한 빨리 파악되도록 배열하는 것이 선호된다. 따라서 가급적 동사 뒤의 목적어는 수식어가 간단하다. 동사 뒤에 수식어가 길면 중심목적어를 찾는 데 장애가 된다.

> 나는 집을 살 돈이 없다.

- 我 没有 钱 买 房子。　[중심술어와 중심목적어가 가까이 있으므로 선호]
　　　V←——→O

- 我 没有 买 房子 的 钱。　[중심술어와 중심목적어가 멀리 있으므로 비선호]
　　　V←·················→O

중국어 문장에서는 술어와 목적어 사이에 복잡한 的자구 수식어가 오는 비율이 낮다. 종종 한국어에서 긴 수식어가 있는 목적어가 중국어에서는 선호되지 않는다.

- 영희는 어제 군대에서 휴가 나온 남자 친구를 만났다.
　　　　　　　　　　　O←········→V

- 英熙 见到 昨天从军队休假回来的 男朋友 了。
　　　V←·····························→O

중국어에서 길고 복잡한 수식어가 포함된 성분은 가급적 중심술어 뒤에 오지 않는다. 복잡한 수식어가 있는 명사구는 문장 앞으로 화제화되거나 把자구를 사용하여 동사 앞으로 이동시킬 수 있다. 이렇게 되면 핵심 성분이 빨리 파악될 수 있다.

- 昨天向小李借的 雨伞 已经 还给 他了。　어제 샤오리에게 빌린 우산을 이미 돌려줬다.
　　　　　O←·········→V

- 小王 把街上徘徊的 那只 流浪狗 带回 家来了。　샤오왕은 길거리에서 떠돌아 다니는
　　　　　　　O←········→V　　　　　그 유기견을 집으로 데리고 왔다.

军队 jūnduì 군대 ｜ 休假 xiūjià 휴가 ｜ 还给 huán gěi ～에게 돌려주다 ｜ 徘徊 páihuái 배회하다, 방황하다 ｜
流浪狗 liúlàng gǒu 유기견, 떠돌이 개

1. 다음 대화에서 한국어 문장을 중국어로 말해 보세요.

A: 后天是我爸的生日，我想给他买件礼物。

B: 买什么呢？你想好了吗？

A: 我爸的毛衣都旧了，我想给他买一件新的。

B: 好主意，

_____

(네가 산 스웨터를 아빠는 분명 좋아하실 거야.)

 정답

　1. B: 爸一定会喜欢你买的毛衣。/ 你买的毛衣, 爸一定会喜欢的。

毛衣 máoyī 스웨터, 털옷

Chapter 13

연습문제

1 주어진 단어를 사용하여 올바른 문장을 만들어 보세요.

① 飞机 回到 顺利 坐 他们 韩国 昨天

② 感人 的 那部 非常 老师 给 我们 介绍 中国电影

感人 gǎnrén 감동적이다

2 두 문장 중 어순이 자연스러운 것을 고르세요.

① a. 一瓶可乐他喝光了。   b. 他喝光了一瓶可乐。

② a. 前面一只老虎来了。   b. 前面来了一只老虎。

③ a. 今天我们班来了一个中国学生。   b. 今天一个中国学生来了我们班。

④ a. 一部电影我已经看过。   b. 那部电影我已经看过。

⑤ a. 我有一个中国朋友来韩国留学。   b. 我有一个来韩国留学的中国朋友。

可乐 kělè 콜라 | 老虎 lǎohǔ 호랑이

3 두 문장의 차이점을 설명해 보세요.

① a. 香蕉刚买回来了。　　　　　b. 刚买回香蕉来了。

② a. 火锅，我最喜欢吃辣的。　　b. 我最喜欢吃辣的火锅。

③ a. 老师讲的内容，我还听不太懂。　b. 我还听不太懂老师讲的内容。

④ a. 小李很认真地工作。　　　　b. 小李工作得很认真。

香蕉 xiāngjiāo 바나나　｜　内容 nèiróng 내용

4 다음 문장을 중국어로 번역하세요.

① 이 요리는 먹어보면 식감이 아주 좋아.

② 장미는 꽃은 붉지만, 잎은 녹색이다.

③ 아메리카노는 작은 사이즈가 10위안이고 큰 사이즈가 15위안입니다.

④ 그는 오늘 아침 9시부터 오후 6시까지 일을 했다.

⑤ 그는 라면을 사러 편의점에 갔어.

부록

★

문법
Plus Page

1. 양사

양사는 사물이나 동작의 수량 단위를 나타내는 품사이다. 양사에는 사람이나 사물의 수량 단위를 나타내는 명량사와 동작이나 변화의 횟수를 나타내는 동량사가 있다. 한국어에도 '-개', '-장', '-권', '-회' 등과 같은 양사가 있기는 하지만 중국어처럼 따로 품사로 분류하지 않고 명사의 하위 부류인 의존 명사로 처리하고 있으며, 종류도 중국어만큼 다양하지 않다.

⑴⑴⑴ 자주 쓰이는 명량사

个	전용 양사가 없는 명사에 두루 사용한다.	• 人 사람 • 苹果 사과 • 单位 기관
张	평면 물체나 늘어나는 물건 등에 사용한다.	• 床 침대 • 桌子 책상 • 纸 종이 • 照片 사진 • 地图 지도 • 嘴 입 • 弓 활
条	가늘고 길며 구부러지는 것, 추상적인 사물이나 일을 나누는 데 사용한다.	• 河 강 • 路 길 • 路线 노선 • 裤子 바지 • 裙子 치마 • 领带 넥타이 • 蛇 뱀 • 鱼 물고기 • 新闻 뉴스
块	덩어리 모양으로 생긴 물건이나 화폐 등에 사용한다.	• 橡皮 지우개 • 肥皂 비누 • 面包 빵 • 钱 돈 • 石头 돌
本	서적류에 사용한다.	• 书 책 • 词典 사전 • 杂志 잡지 • 地图 지도
支	딱딱하고 가늘고 긴 무생물, 부대 등에 사용한다.	• 钢笔 펜 • 蜡烛 양초 • 笔 연필 • 队伍 군대
件	일이나 사건, 개별적인 사물에 사용한다.	• 事 일 • 衣服 옷 • 夹克 재킷 • 行李 짐
颗	둥글고 작은 물체에 사용한다.	• 珠子 구슬 • 珍珠 진주 • 子弹 총탄 • 心 마음 • 星 별
粒	알갱이 모양의 물체에 사용한다.	• 种子 씨앗 • 沙子 모래 • 米 쌀 • 花生 땅콩
篇	일정한 형식을 갖춘 글에 사용한다. *시나 대본에는 쓰이지 않는다. 예 一首诗 / 一部戏剧	• 论文 논문 • 小说 소설
则	조목으로 나누어진 것이나 단락을 이루는 문장의 수를 표시하는 데 사용한다.	• 新闻 뉴스 • 消息 소식 • 试题 시험 문제

棵	식물, 채소 등에 사용한다.	• 树 나무 • 草 풀 • 花 꽃 • 白菜 배추
道	강, 하천, 문, 벽, 명령, 시험문제 등에 사용한다.	• 河 강 • 门 문 • 围墙 담 • 命令 명령 • 题 문제
届	정기적인 회의나 졸업한 기수 등에 사용한다.	• 第一届代表大会 제1회 대표대회 • 第二十八届奥运会 제28회 올림픽 • 第八届校友会 제8회 교우회 • 上届毕业生 상기 졸업생
门	학문, 기술, 대포 등에 사용한다.	• 功课 과목 • 技术 기술 • 大炮 대포
台	기계, 설비, 연극, 공연 등에 사용한다.	• 机器 기계 • 冰箱 냉장고 • 电脑 컴퓨터 • 话剧 연극 • 音乐剧 뮤지컬
位	사람에 대한 존칭으로 사용한다.	• 老师 선생님 • 客人 손님 • 先生 선생
口	식구나 가축, 아가리가 있는 물건, 입과 관련된 동작이나 사물, 날이 있는 것 등에 사용한다.	• 人 사람 • 猪 돼지 • 井 우물 • 水 물 • 气 숨, 호흡 • 刀 칼
份	세트를 이루는 물건, 신문, 문서 등에 사용한다.	• 礼物 선물 • 工作 일 • 杂志 잡지 • 报纸 신문
首	시나 노래 등에 사용한다.	• 诗 시 • 歌 노래
座	산, 건축물, 교량 등 비교적 크고 든든한 것이나 고정된 물체에 사용한다.	• 山 산 • 桥 교량 • 楼房 건물 • 水库 댐 • 城市 도시
把	손잡이가 있는 물건에 사용한다.	• 刀 칼 • 椅子 의자 • 雨伞 우산 • 钥匙 열쇠 • 剪刀 가위
把	나이, 힘 등 추상적인 사물에 사용한다.	• 一大把年纪 지긋한 나이, 나잇살 • 加一把劲 힘을 내다
把	한 주먹으로 쥘만한 분량 등을 나타내는 데 사용한다.	• 一把花生 땅콩 한 움큼 • 一把葱 파 한 줌
节	여러 개로 나누어진 것을 세는 데 사용한다.	• 竹子 대나무 • 甘蔗 사탕수수
节	수업 시간을 나누는 데 사용한다. *과목의 종류에는 사용하지 않는다. 예 这个学期我选了六节课。✗ 　　这个学期我选了六门课。◉	• 一节课 한 교시 수업 • 第二节课 2교시 수업

架	다리가 있는 기계나 악기 등에 사용한다.	• 照相机 사진기 • 钢琴 피아노 • 飞机 비행기
场	[cháng] 비, 바람, 질병, 재난 등에 사용한다.	• 风 바람 • 雨 비 • 大病 중병 • 风波 풍파
	[chǎng] 공연, 스포츠 활동 등에 사용한다.	• 球赛 구기시합 • 舞会 댄스파티 • 歌剧 오페라
	[chǎng] 말이나 행위에 사용한다.	• 争论 논쟁 • 辩论 변론 • 斗争 투쟁
套	여러 가지가 모여 세트를 이루는 사물에 사용한다.	• 房子 집 • 家具 가구
副	똑같은 것 두 개가 함께 하나로 이어진 물건에 사용한다.	• 眼镜 안경
	얼굴 표정에 사용한다.	• 笑脸 웃는 얼굴 • 面容 용모 • 面孔 얼굴
双	좌우가 대칭되는 신체 기관에 사용한다.	• 手 손 • 脚 발 • 眼睛 눈 • 耳朵 귀
	짝을 이루는 물건에 사용한다.	• 袜子 양말 • 筷子 젓가락 • 手套(儿) 장갑
对	성별, 좌우, 정반 등으로 결합된 사람이나 동물, 사물 등에 사용한다. *똑같은 것 두 개로 이루어진 사물에는 쓰일 수 없다. 예 一对眼镜 ❌ 一副眼镜 ⭕	• 夫妻 부부 • 金鱼 금붕어

⟫⟫ 자주 쓰이는 동량사

次	일반적인 동작의 횟수를 나타내는 데 사용한다.	• 看了一次 한 번 보았다 • 商量过两次 두 번 상의했다
遍	동작의 처음부터 끝까지 전 과정을 나타내는 데 사용한다.	• 再说一遍 다시 한번 말하다 • 看过两遍 (처음부터 끝까지) 두 번 보았다
趟	왕복이나 왕래를 나타내는 데 사용한다.	• 去了一趟北京 베이징을 한 차례 다녀왔다 • 白跑了一趟 한 차례 헛걸음을 했다
番	비교적 힘이 들어가는 동작이나 과정이 긴 동작을 나타내는 데 사용한다.	• 费一番口舌 입이 닳도록 한바탕 말하다 • 教训了一番 한바탕 꾸짖었다 • 认真考虑一番 한번 신지하게 고민하다

2. 동사 중첩과 형용사 중첩

중첩이란, 같은 글자를 반복하여 쓰는 것으로 중국어에서만 볼 수 있는 독특한 현상이다. 수사, 양사, 명사, 부사 등의 중첩이 있지만, 형용사와 동사의 중첩이 가장 일반적이다. 형용사와 동사를 중첩하는 형식은 각각 다르며, 일부 형용사는 중첩한 후에 문법 현상이 달라지기도 한다.

동사 중첩

① 동사를 중첩하면 '한번 ~해 보다'라는 의미로 부드러운 어기를 나타낸다.

- 你有男朋友的照片吗? 给我看看。　너 남자 친구 사진 있어? 나 좀 보여줘 봐.
  Nǐ yǒu nán péngyou de zhàopiàn ma? Gěi wǒ kànkan.

- 这个很好吃，你尝尝吧。　이거 아주 맛있어, 먹어 봐.
  Zhège hěn hǎochī, nǐ chángchang ba.

- 我可以试试吗?　제가 한번 해 봐도 돼요?
  Wǒ kěyǐ shìshi ma?

② 동사 중첩 뒤에 看을 쓰기도 한다.

- 吃吃看。　먹어 봐.
  Chīchi kàn.

- 试试看。　한번 해 봐.
  Shìshi kàn.

③ 중간에 一나 了를 쓸 수 있다. 了를 쓰면 과거에 '~해 봤는데', '~해 봤더니'로 해석한다.

- 给我看一看。　나 좀 보여줘 봐.
  Gěi wǒ kàn yi kàn.

- 我可以试一试吗?　제가 한번 해 봐도 돼요?
  Wǒ kěyǐ shì yi shì ma?

- 我查了查，还是查得不太全。　(자료를) 찾아봤는데, 다 찾지 못했어.
  Wǒ chá le chá, háishi chá de bú tài quán.

- 我看了看，但还是没看明白。　한번 봤는데, 아직 잘 모르겠어.
  Wǒ kàn le kàn, dàn háishi méi kàn míngbai.

- 她擦了擦，但还是没擦干净。　그녀는 닦아 봤지만, 여전히 깨끗하게 닦이지 않았다.
  Tā cā le cā, dàn háishi méi cā gānjìng.

④ 동사성 성질만 중첩하므로 이합사의 경우 명사성 성분은 중첩할 수 없다.

- 周末我喜欢上上网，看看书，逛逛街。
  Zhōumò wǒ xǐhuan shàngshang wǎng, kànkan shū, guàngguang jiē.
  주말에 나는 인터넷도 좀 하고, 책도 좀 보고, 돌아다니는 걸 좋아한다.
  ▶ 上网上网 ❌

- 有空的时候，我去公园散散步。 시간이 있을 때, 나는 공원에 가서 산책한다.
  Yǒukòng de shíhou, wǒ qù gōngyuán sànsan bù.
  ▶ 散步散步 ❌

⑤ 두 글자 동사 AB는 ABAB 형식으로 중첩한다.

  ex 打扫 → 打扫打扫

  整理 → 整理整理

  休息 → 休息休息

- 房间这么乱，整理整理吧。 방이 이렇게 지저분하다니, 정리 좀 해.
  Fángjiān zhème luàn, zhěngli zhěngli ba.

- 你回家休息休息，多睡觉吧。 집에 가서 좀 쉬고, 많이 자.
  Nǐ huíjiā xiūxi xiūxi, duō shuìjiào ba.

형용사 중첩

형용사 중첩은 생동감 있게 묘사하거나 강조할 때 사용한다. 중국어에서 형용사는 세 종류로 분류할 수 있다. 성질형용사와 상태형용사, 비위형용사(구별사)이다.

(1) 성질형용사

'좋다'의 好, '크다'의 大 등 일반적으로 알고 있는 대부분 형용사가 성질형용사에 속한다.

① 이음절 성질형용사 AB는 AABB 형식으로 중첩한다.

  ex 干净 → 干干净净

  漂亮 → 漂漂亮亮

② 성질형용사 중첩이 명사를 수식할 때, 很, 非常 등의 정도부사를 붙일 수 없다.

- 胖胖的叔叔 뚱뚱한 아저씨
  pàngpàng de shūshu

- 干干净净的房间 깨끗한 방
  gāngan jìngjìng de fángjiān

· 眼睛大大的小孩子真可爱。　눈이 큰 아이는 정말 귀엽다.
　Yǎnjing dàdà de xiǎo háizi zhēn kě'ài.

▶ 眼睛很大大 ❌

③ 술어로 쓰일 때는 很, 非常과 같은 정도부사를 붙이지 않고, 중첩 뒤에 的를 써 준다.

· 他个子高高的，皮肤白白的，像模特儿一样帅。
　Tā gèzi gāogāo de, pífū báibái de, xiàng mótèr yíyàng shuài.
　그는 키가 훤칠하고, 피부가 하얘서 모델처럼 멋있다.

· 她眼睛圆圆的，皮肤黑黑的，脸小小的。
　Tā yǎnjing yuányuán de, pífū hēihēi de, liǎn xiǎoxiǎo de.
　그녀는 눈이 동그랗고, 피부가 까무잡잡하고, 얼굴이 작다.

· 我们不要拖拖拉拉的，好不好?
　Wǒmen bú yào tuōtuo lālā de, hǎo bu hǎo?
　우리 질질 끌지 말자, 어때?

④ 상태보어 得 뒤에 쓰일 때도 뒤에 的를 붙여준다.

· 我把衣服洗得干干净净的。　나는 옷을 깨끗하게 빨았다.
　Wǒ bǎ yīfu xǐ de gāngan jìngjìng de.

· 我记得清清楚楚的。　나는 분명하게 기억한다.
　Wǒ jì de qīngqing chǔchǔ de.

⑤ 중첩은 부정형이 없다.

ⓔⓧ 不高高 (✗) → 不高 (○)
　　不小小 (✗) → 不小 (○)

⑥ 특수한 중첩 형식으로 A里AB 형식이 있으며, 주로 부정적 의미의 형용사에 붙인다.

ⓔⓧ 土气 → 土里土气　촌스럽다
　　小气 → 小里小气　쩨쩨하다
　　妖气 → 妖里妖气　요사스럽다
　　流气 → 流里流气　건들거리다
　　糊涂 → 糊里糊涂　정신없다

⑵ **상태형용사**

① 형용사 자체에 정도부사의 역할을 하는 글자가 들어간 형용사이다. 그러므로 앞에 정도부사를 붙일 수 없다.

> **ex** 雪白　눈처럼 하얗다(새하얗다)
>
> 通红　전체가 빨갛다(새빨갛다)
>
> 漆黑　칠흑같이 어둡다(깜깜하다)
>
> 火红　불타는 듯 빨갛다(새빨갛다, 시뻘겋다)
>
> 碧绿　짙은 녹색의(새파랗다, 짙푸르다)
>
> 笔直　붓처럼 곧다(매우 곧다)
>
> 冰凉　얼음처럼 차갑다(매우 차갑다)
>
> 飞快　나는 듯 빠르다(매우 빠르다)
>
> 漆黑的头发　새까만 머리카락
>
> ▶ 很漆黑的头发 ✕
>
> 雪白的牙齿　새하얀 치아
>
> ▶ 非常雪白的牙齿 ✕

② 술어로 쓰일 때는 뒤에 的를 붙인다.

> · 这些衬衫都雪白的。　이 셔츠들은 모두 새하얗다.
>
> Zhèxiē chènshān dōu xuěbái de.

③ 동사 중첩처럼 ABAB형식으로 중첩한다. 중첩 후에도 정도부사를 붙일 수 없고, 술어 뒤에 的를 붙인다.

> · 他的脸通红通红的。　그의 얼굴이 새빨갛다.
>
> Tā de liǎn tōnghóng tōnghóng de.

④ ABB형의 중첩으로도 사용한다.

> **ex** 红通通　새빨갛다
>
> 绿油油　짙푸르다
>
> 热乎乎　따끈따끈하다
>
> 黑洞洞　캄캄하다

- 热乎乎的包子　따끈따끈한 왕만두
  rèhūhū de bāozi.

- 那几个男孩子在绿油油的草坪上踢足球。
  Nà jǐ ge nán háizi zài lǜyóuyóu de cǎopíng shang tī zúqiú.
  남자아이 몇 명이 푸르른 잔디밭에서 축구를 한다.

⑤ 상태형용사는 부정형식이 없다.

　　ex 不通红 (✕)　　　不冰凉 (✕)　　　不雪白 (✕)

(3) 비술형용사(비위형용사)

대부분 형용사가 술어로 쓰이지만 술어로 쓰이지 못하는 형용사도 있다. 이를 비위(非谓)형용사 혹은 구별사(区别词)라고 한다. 명사처럼 보이지만 명사를 수식하므로 형용사로 분류한다. (중국어로 술어를 谓语라고 하는데, 술어로 쓰일 수 없다는 의미에서 非谓라고 한다.)

　　ex 男, 女, 正, 副, 金, 银, 公, 母 등

① 명사를 수식할 때 的를 쓰지 않는다.

　　ex 男生 남학생　　　女生 여학생
　　　　金牌 금메달　　　银牌 은메달
　　　　公鸡 수탉　　　　母鸡 암탉
　　　　副经理 부매니저

② 뒤에 的를 붙여 명사로 쓴다.

　　ex 男的 남자　　　女的 여자

3. 了: 단문에서의 용법

了는 단문과 복문에서 그 쓰임새가 다르다. 하지만 단문에서의 규칙은 복문에서도 적용되고, 단문의 규칙 위에서 복문의 새로운 규칙이 만들어진다.

긍정문

단문에서 了는 앞에 오는 동사나 형용사의 성질에 따라 그 쓰임새가 달라지며, 과거시제뿐 아니라 현재나 미래시제 문장에서 모두 쓰인다.

(1) 동작동사 + 了

① 동작동사 뒤에 了가 쓰이면 과거를 나타낸다. 시간사와 결과보어가 있어도 了를 사용하여 과거를 만든다.

- 我说完了。　나 말 끝났어.
  Wǒ shuō wán le.

- 昨天我去银行办信用卡了。　어제 나는 은행에 가서 신용카드를 만들었다.
  Zuótiān wǒ qù yínháng bàn xìnyòngkǎ le.

② 了의 기본 위치는 문장 맨 끝이다. 일반목적어가 있을 때, 만약 문장 끝이 아닌 동사 뒤에 了가 오면 문장이 끝나지 않은 느낌이므로 다른 말이 이어져야 한다.

- 昨天我去银行了。　어제 나는 은행에 갔다.
  Zuótiān wǒ qù yínháng le.

- 昨天我三点去了银行，但人太多，结果没办成。
  Zuótiān wǒ sān diǎn qù le yínháng, dàn rén tài duō, jiéguǒ méi bàn chéng.
  어제 나는 3시에 은행에 갔는데, 사람이 많아서 결국 일을 처리하지 못했다.

- 昨天我去了书店，在那儿碰到他了。
  Zuótiān wǒ qù le shūdiàn, zài nàr pèng dào tā le.
  어제 나는 서점에 갔는데, 거기서 그를 우연히 마주쳤다.

③ 목적어가 수량구조일 때, 了는 문장 끝에서 동사 뒤로 이동한다.

- 我睡觉了。　나는 잠을 잤다.
  Wǒ shuìjiào le.

- 我睡了两个小时(觉)。　나는 잠을 두 시간 잤다.
  Wǒ shuì le liǎng ge xiǎoshí (jiào).

- 我买书了。　나는 책을 샀다.
  Wǒ mǎi shū le.

- 我买了一本书。　나는 책 한 권을 샀다.
  Wǒ mǎi le yì běn shū.

- 我放盐了。　나는 소금을 넣었다.
  Wǒ fàng yán le.

- 我放了一点盐。　나는 소금을 조금 넣었다.
  Wǒ fàng le yìdiǎn yán.

④ 목적어가 的가 들어간 수식구조일 때, 了는 문장 끝에서 동사 뒤로 이동한다.

- 我买衣服了。　나는 옷을 샀다.
  Wǒ mǎi yīfu le.

- 我买了白色的衣服。　나는 흰색 옷을 샀다.
  Wǒ mǎi le báisè de yīfu.

- 我吃面包了。　나는 빵을 먹었다.
  Wǒ chī miànbāo le.

- 我吃了昨天买来的面包。　나는 어제 사온 빵을 먹었다.
  Wǒ chī le zuótiān mǎi lái de miànbāo.

- 我买书了。　나는 책을 샀다.
  Wǒ mǎi shū le.

- 我买了与中国有关的书。　나는 중국과 관련된 책을 샀다.
  Wǒ mǎi le yǔ Zhōngguó yǒuguān de shū.

만약 목적어에 的는 없지만 두 개의 단어가 결합된 구조라면 了는 문장 끝에 있어도 되고, 동사 뒤로 이동해도 된다.

- 我买书了。　나는 책을 샀다.
  Wǒ mǎi shū le.

- 我买了汉语书 。/ 我买汉语书了。　나는 중국어 책을 샀다.
  Wǒ mǎi le Hànyǔ shū. / Wǒ mǎi Hànyǔ shū le.
  ▶ 汉语书는 汉语＋书의 결합구조이다.

- 我吃面包了。　나는 빵을 먹었다.
  Wǒ chī miànbāo le.

- 我吃了红豆面包。/ 我吃红豆面包了。　나는 단팥빵을 먹었다.
  Wǒ chī le hóngdòu miànbāo. / Wǒ chī hóngdòu miànbāo le.
  ▶ 红豆面包는 红豆＋面包의 결합구조이다.

⑤ 목적어가 나열구조일 때, 了는 문장 뒤에서 동사 뒤로 이동한다.

- 我去了中国、法国和德国。　나는 중국, 프랑스, 독일에 갔다.
  Wǒ qù le Zhōngguó、Fǎguó hé Déguó.

- 我买了白色的衬衫、黑色的裤子和橘红色的帽子。
  Wǒ mǎi le báisè de chènshān、hēisè de kùzi hé júhóngsè de màozi.
  나는 흰색 셔츠와 검은색 바지, 주황색 모자를 샀다.

(2) 형용사 + 了

형용사 뒤의 了는 과거가 아닌 변화를 나타낸다.

- A: 你身体好了吗?　넌 몸이 좋아졌니?
  Nǐ shēntǐ hǎo le ma?

  B: 好多了，谢谢。　많이 좋아졌어. 고마워.
  Hǎo duō le, xièxie.

- 我胖了。　나는 살이 쪘어.
  Wǒ pàng le.

- 最近冷多了。　요즘 많이 추워졌어.
  Zuìjìn lěng duō le.

- 天已经黑了。　날이 이미 어두워졌다.
  Tiān yǐjīng hēi le.

(3) 비동작동사 + 了

좋아하다', '사랑하다', '믿다', '원하다' 등 동작성이 없는 동사 뒤에 了가 오면 변화를 나타낸다. 이때 주로 现在와 함께 쓴다. 심리동사 외에도 비동작동사 중에 是, 认识, 有 등 상태를 나타내는 동사 역시 변화를 나타낼 때 了를 붙인다.

- 我以前不喜欢他，现在喜欢了。　나는 예전에 그를 좋아하지 않았지만, 지금은 좋아졌다.
  Wǒ yǐqián bù xǐhuan tā, xiànzài xǐhuan le.

- 我以前不相信他，现在相信了。　나는 예전에 그를 믿지 않았지만, 지금은 믿는다.
  Wǒ yǐqián bù xiāngxìn tā, xiànzài xiāngxìn le.

- 昨天我认识了一个中国朋友。　어제 나는 중국인 친구 한 명을 알게 되었다.
  Zuótiān wǒ rènshi le yí ge Zhōngguó péngyou.

- 我有了女朋友。　나는 여자 친구가 생겼다.
  Wǒ yǒu le nǚ péngyou.

- 我是大学生了。 나는 대학생이 되었다.
  Wǒ shì dàxuéshēng le.

- 知道了。 알겠어요.
  Zhīdào le.

(4) 조동사 + 了

미래를 나타내는 문장에서 조동사 뒤에 了가 오면 화자의 심리 변화, 혹은 의지나 완곡한 어기를 나타낸다. 了를 붙여도 붙이지 않아도 문법적으로 틀리지 않는다.

- 我身体很不舒服，明天不能去上学。
  Wǒ shēntǐ hěn bù shūfu, míngtiān bù néng qù shàngxué.
  나는 몸이 아주 안 좋아서 내일 학교에 갈 수 없다.

- 我身体很不舒服，明天不能去上学了。
  Wǒ shēntǐ hěn bù shūfu, míngtiān bù néng qù shàngxué le.
  나는 몸이 너무 안 좋아서 내일 학교에 갈 수 없겠어.

- 我得走。 나는 가야 한다.
  Wǒ děi zǒu.

- 我得走了。 나는 이제 가야 해요.
  Wǒ děi zǒu le.

부정문

(1) 기간 + 没……了

没는 일반적으로 了와 같이 쓸 수 없지만 앞에 기간을 나타내는 표현이 오면 함께 쓸 수 있다. 이때 '이 기간 동안 ~하지 못했다'라는 의미를 나타낸다.

- 我一个月没喝酒了。 나는 한 달 동안 술을 마시지 않았어.
  Wǒ yí ge yuè méi hē jiǔ le.
  ▶ 我没喝酒了。❌

- 我好久没运动了。 나는 오랫동안 운동을 하지 않았어.
  Wǒ hǎojiǔ méi yùndòng le.
  ▶ 我没运动了。❌

(2) 不……了

了와 함께 쓰여 '앞으로 ~하지 않겠다'라는 화자의 의지를 나타낸다. 현재나 미래시제로 쓰이며, 과거시제로는 쓸 수 없다.

- 我不喝酒了。 나는 앞으로 술을 안 마실 거야.
  Wǒ bù hē jiǔ le.
- 我不喝酒。 나는 (원래) 술을 안 마셔.
  Wǒ bù hē jiǔ.
  ▶ 昨天我不喝酒了。 ✖

미래시제

了가 미래시제 문장에 보편적으로 쓰이는 것은 아니다. 우리말에서 과거를 표현하는 형태소 '~었'도 가끔 미래를 나타낼 때가 있는데, 예를 들면, '난 이제 큰일났다', '내년이면 난 이미 승진해 있겠지'와 같은 문장이다. 즉 화자가 반드시 일어날 일에 대해 확신을 가지고 이야기할 때 '~었'은 미래시제에서 제한적으로 쓰인다. 이와 마찬가지로 미래시제 문장에 了가 쓰이면 발생 가능성이 매우 높은 일이거나, 확신 또는 완곡한 어기를 나타낸다. 실제로 그 일이 일어날 수도 있고, 일어나지 않을 수도 있다.

① 아직 일어나지는 않았지만 가까운 미래에 반드시 일어날 일에 쓰인다.

- A：还没到吗？还得走多久？ 아직 안 도착했어? 얼마나 더 가야 해?
  Hái méi dào ma? Hái děi zǒu duō jiǔ?

  B：到了，到了。 다 왔어, 다 왔어. [실제로 아직 도착하지 않음]
  Dào le, dào le.

- A：三路车怎么还不来？ 3번 버스는 왜 아직 안 오지?
  Sān lù chē zěnme hái bù lái?

  B：来了，来了。 왔다, 왔어. [멀리서 오는 게 보일 때]
  Lái le, lái le.

② 권유·청유문에서 완곡한 어기를 나타낸다. 了가 없으면 딱딱한 명령의 어감을 나타낸다.

- 吃饭了。 밥 먹어. / 밥 먹자.
  Chīfàn le.
- 洗手了。 손 씻어. / 손 씻자.
  Xǐshǒu le.

- 做作业了。　숙제해. / 숙제하자.
  Zuò zuòyè le.

③ 부사 就과 함께 쓰여 미래를 나타내며 일어날 것을 확신하는 어기를 표현한다.
　이때 就와 了를 생략해도 문법적으로 틀리지 않는다.

- 明年我就去当兵了。　내년이면 난 입대해.
  Míngnián wǒ jiù qù dāngbīng le.

- 六点就开门了。　6시면 문을 연다.
  Liù diǎn jiù kāimén le.

④ 조동사와 함께 쓰여 변화된 상황이나 화자의 의지, 완곡한 어기를 나타낸다.
　了를 쓰지 않아도 문법적으로 틀리지 않는다.

- 我该走了。　이제는 가야겠어.
  Wǒ gāi zǒu le.

- 我想去看他了。　나는 그를 보러 가고 싶어졌어.
  Wǒ xiǎng qù kàn tā le.

- 我得去医院了。　나는 이제 병원에 가야겠어요.
  Wǒ děi qù yīyuàn le.

⑤ 정확한 미래를 나타내는 시간사, 已经, 肯定 등의 부사와 함께 쓰여 화자의 강한 추측을 나타낸다.

- 明天10点钟我已经在飞机上了。　내일 10시면 난 이미 비행기를 탔겠지.
  Míngtiān shí diǎn zhōng wǒ yǐjīng zài fēijī shàng le.

- 明天8点他肯定离开首尔了。　내일 8시면 그는 이미 서울을 떠났겠지.
  Míngtiān bā diǎn tā kěndìng líkāi Shǒu'ěr le.

4. 了 : 복문에서의 용법

복문에서 了의 위치는 화자가 무엇을 강조하느냐에 따라 달라진다. 병렬구조로 모든 문장을 강조하고 싶을 때는 문장마다 了가 들어가지만, 전제가 되는 상황을 이야기할 때에는 了를 쓰지 않는다. 단, 복문 역시 단문에서와 마찬가지로 형용사, 비동작 동사, 조동사는 과거라 하더라도 了를 사용할 수 없다.

(1) 병렬구조

了는 문장의 종결과도 관련이 있지만, 강조와도 관련이 있다. 과거에 일어난 일을 나열한 절의 모든 동작을 대등하게 강조할 때, 절마다 동사 뒤에 了를 붙인다.

- 他去了中国，她去了美国。　그 남자는 중국에 갔고, 그 여자는 미국에 갔다.
  Tā qù le Zhōngguó, tā qù le Měiguó.

- 我买了黑色的，他买了红色的。　나는 검은색을 샀고, 그는 빨간색을 샀다.
  Wǒ mǎi le hēisè de, tā mǎi le hóngsè de.

- 我点了炸酱面，他点了糖醋肉。　나는 자장면을 시켰고, 그는 탕수육을 시켰다.
  Wǒ diǎn le zhájiàngmiàn, tā diǎn le tángcùròu.

- 我们吃了烤鸭，还喝了白酒。　우리는 오리구이를 먹고, 백주도 마셨다.
  Wǒmen chī le kǎoyā, hái hē le báijiǔ.

(2) 선후구조

'~하고 나서 ~하다'라는 선후구조 문장에서 먼저 일어난 일에 무조건 了를 붙인다. 과거나 미래시제 모두 앞 절의 동작(먼저 일어난 일)에는 了를 붙이며, 이는 동작의 완료를 나타낸다. 과거시제일 때는 뒤 절에도 了를 붙인다.

- 明天我下了课去看你。　내일 수업이 끝나고 널 보러 갈게.
  Míngtiān wǒ xià le kè qù kàn nǐ.

- 我昨天下了课去看他了。　나는 어제 수업이 끝나고 그를 보러 갔어.
  Wǒ zuótiān xià le kè qù kàn tā le.

- 我每天吃了早饭去学校。　나는 매일 아침밥을 먹고 학교에 간다.
  Wǒ měi tiān chī le zǎofàn qù xuéxiào.

- 他吃了饭去学校了。　그는 밥을 먹고 학교에 갔다.
  Tā chī le fàn qù xuéxiào le.

- 昨天下了雪，今天路很滑。　어제 눈이 와서 오늘 길이 미끄러웠어.
  Zuótiān xià le xuě, jīntiān lù hěn huá.

  ▶ 滑는 형용사이므로 과거라 하더라도 了를 붙이지 않는다.

(3) 수단·방식—결과구조

앞 동작이 다음 동작의 수단이나 방식일 때, 앞 절의 동작은 과거라 하더라도 了를 쓰지 않는다.

- 他坐高铁去釜山了。 그는 KTX를 타고 부산에 갔다.
  Tā zuò gāotiě qù Fǔshān le.

- 我去百货商店买东西了。 나는 백화점에 가서 물건을 샀다.
  Wǒ qù bǎihuò shāngdiàn mǎi dōngxi le.

- 他骑车去学校了。 그는 자전거를 타고 학교에 갔다.
  Tā qí chē qù xuéxiào le.

- 他转身就回去了。 그는 몸을 돌리고는 돌아갔다.
  Tā zhuǎnshēn jiù huí qù le.

- 我陪妈妈去医院了。 나는 엄마를 모시고 병원에 갔다.
  Wǒ péi māma qù yīyuàn le.

하지만 이 구조가 선후구조로 바뀌면 앞 동작에는 了가 붙는다.

- 我已经拿给他了。 나는 이미 그에게 건네 주었다.
  Wǒ yǐjīng ná gěi tā le.

- 我已经拿了，也给他了。 나는 이미 가져왔고, 그에게 주기도 했다.
  Wǒ yǐjīng ná le, yě gěi tā le.

- 他打电话告诉我了。 그는 전화로 나에게 알려 주었다.
  Tā dǎ diànhuà gàosu wǒ le.

- 他昨天打了两次电话，也告诉我明天就去上海，以后见不到我了。
  Tā zuótiān dǎ le liǎng cì diànhuà, yě gàosu wǒ míngtiān jiù qù Shànghǎi, yǐhòu jiàn bu dào wǒ le.
  그는 어제 두 번 전화해서 내일 상하이로 가서 앞으로 나를 못 볼 거라고 알려 주었다.

단문에서는 了를 쓰고 안 쓰고의 문제가 중요하지만, 복문에서는 了를 어디에 놓을 지가 중요하다. 了의 위치에 따라서 문장의 논리구조가 결정된다.

- 他去学校吃早饭了。[수단-결과구조]
  Tā qù xuéxiào chī zǎofàn le.
  그는 학교에 가서 밥을 먹었다.

- 他去了学校，才吃早饭。[선후구조]
  Tā qù le xuéxiào, cái chī zǎofàn.
  그는 학교에 가고 나서야 밥을 먹는다.

- 我去百货公司买了些衣服。[수단-결과구조]
  Wǒ qù bǎihuò gōngsī mǎi le xiē yīfu.
  나는 백화점에 가서 옷을 몇 벌 샀다.

- 我先去了百货公司，然后去了电影院。[선후구조]

  Wǒ xiān qù le bǎihuò gōngsī, ránhòu qù le diànyǐngyuàn.

  나는 먼저 백화점에 간 후, 그리고 다시 영화관에 갔다.

  ▶ 수단–결과구조에서는 옷을 사기 위해 백화점을 갔지만, 선후구조에서는 백화점에 간 것이 영화
  관에 간 수단이나 방식이 아니라, 먼저 일어난 동작이므로 了를 붙인다.

즉 복문에서의 了는 단문에서와 달리, 화자의 사유방식에 따라서 수의적으로 쓰인
다. 즉 화자가 어떠한 구조로 말하고자 하는가에 따라 了의 위치가 달라진다.

(4) 전제―초점구조

화자가 말하고자 하는 초점에만 了를 붙인다. 전제 부분에는 了를 붙이지 않는다.

- 系里开会，表彰今年的模范，我得了奖杯。

  Xì li kāihuì, biǎozhāng jīnnián de mófàn, wǒ dé le jiǎngbēi.

  학과에서 회의를 해서 올해 모범상을 표창했는데, 내가 상을 받았다.

이 문장에서 화자가 하고 싶은 말은 '내가 상을 받았다(我得了奖杯)'라는 부분이다.
만약 모든 문장을 똑같이 중요하게 말하고 싶다면 병렬구조를 사용할 수 있다.

- 系里开了会，表彰了今年的模范，我也得了奖杯。

  Xì li kāi le huì, biǎozhāng le jīnnián de mófàn, wǒ yě dé le jiǎngbēi.

  학과에서 회의를 열었고, 올해 모범상을 표창했는데, 나도 상을 탔다.

5. 是……的 구문

이미 발생한 과거 사건의 시간, 장소, 방식, 대상, 목적, 동작의 행위자 등은 是……的 사이에 두어 강조할 수 있다.

시간	我是昨天来首尔的。　저는 어제 서울에 왔어요. Wǒ shì zuótiān lái Shǒu'ěr de. 你们是什么时候认识的?　어떻게 알게 된 사이에요? Nǐmen shì shénme shíhou rènshi de?
장소	这是在传统市场买的。　이건 전통시장에서 산 거에요. Zhè shì zài chuántǒng shìchǎng mǎi de. 这本词典是在中国买的。　이 사전은 중국에서 산 거에요. Zhè běn cídiǎn shì zài Zhōngguó mǎi de.
방식	我是开车去釜山的。　저는 부산에 운전해서 갔어요. Wǒ shì kāichē qù Fǔshān de. 我是坐地铁来的。　전 지하철을 타고 왔어요. Wǒ shì zuò dìtiě lái de.
대상	昨天我是跟同学一起看电影的。　어제 친구와 함께 영화를 봤어요. Zuótiān wǒ shì gēn tóngxué yìqǐ kàn diànyǐng de. 他是跟家人一起去中国的。　걔는 가족들과 중국에 갔어. Tā shì gēn jiārén yìqǐ qù Zhōngguó de.
목적	我是来找李老师的。　저는 이 선생님을 뵈러 왔어요. Wǒ shì lái zhǎo Lǐ lǎoshī de. 我是来学中文的。　저는 중국어를 배우러 왔어요. Wǒ shì lái xué Zhōngwén de.
동작의 행위자	这束花是我同事送来的。　이 꽃다발은 동료가 보내준 거예요. Zhè shù huā shì wǒ tóngshì sòng lái de. 这本书是我翻译的。　이 책은 제가 번역한 거예요. Zhè běn shū shì wǒ fānyì de.

① 是……的 구문을 사용하여 강조하는 부분은 상대방에게 새로운 정보이다.

- A: 你周末去哪儿了?　너 주말에 어디 갔었어?
  Nǐ zhōumò qù nǎr le?

- B: 我去仁川了。　나 인천에 갔었어.
  Wǒ qù Rénchuān le.

A: 你是怎么去的?　어떻게 갔어?
　　Nǐ shì zěnme qù de?

B: 我是开车去的。　운전해서 갔어.
　　Wǒ shì kāichē qù de.

대화문에서 我去仁川了처럼 了가 들어간 문장은 '인천에 갔다'는 사건 전체가 청자에게 새로운 정보이다. 반면 是……的가 사용된 我是开车去的는 인천에 간 것은 알지만 '어떻게' 갔는지 그 방식은 청자가 모르기 때문에 해당 정보를 是……的 사이에 넣어 말한다. 사건 전체가 새로운 정보일 때는 了, 사건의 일부만 새로운 정보일 때는 是……的를 쓴다.

② 是……的 구문은 이미 발생한 일에 사용되므로 과거에만 쓰인다.

- 我是昨天来的。　저는 어제 왔어요.
  Wǒ shì zuótiān lái de.

  ▶ 我是明天去的。 ✖

③ 긍정문에서는 是를 생략할 수 있지만, 부정문에서는 是를 생략할 수 없다. 的는 긍정문과 부정문에서 모두 생략할 수 없다.

- 我坐公交车来的。　저는 버스 타고 왔어요.
  Wǒ zuò gōngjiāochē lái de.

- 我(是)一个人来的。　저는 혼자 왔어요.
  Wǒ (shì) yí ge rén lái de.

- 我不是一个人来的。　저는 혼자 오지 않았어요.
  Wǒ bú shì yí ge rén lái de.

6. 조동사

조동사는 능원동사(能愿动词)라고도 불리는데, 술어 앞에 놓여 주어의 능력과 의지를 나타내거나 화자의 판단에 근거한 가능성, 추측, 의무, 허가 등의 의미를 나타낸다. 하나의 조동사는 다양한 의미를 나타낼 수 있으며, 조동사 간에는 의미상의 공통점과 차이점이 존재한다.

(1) 조동사의 유형 분류

중국어 조동사는 의미적으로 주어의 능력이나 의지를 나타내는 '주어 지향적 유형'과 화자의 판단이나 평가를 나타내는 '화자 지향적 유형'으로 나누어진다. 주어 지향적 의미를 가지는 조동사는 대개 유생물(사람, 동물)주어와 호응한다. 그러나 화자 지향적 조동사는 유생물 주어 이외에 무생물주어와도 결합하여 사용될 수 있다.

	주어 지향		화자 지향		
	능력	의지	허가	의무/당위	추측
想		O			
要		O		O	O
敢		O			
能	O		O		O
会	O				O
可以	O		O		
应该(应当, 该)				O	O
必须				O	
得				O	O
可能					O

① 주어의 능력을 나타내는 조동사 能과 会

能: 어떤 능력을 가지고 있음을 나타낸다. 일정한 조건이 주어졌을 때 할 수 있음을 나타낸다.

- 我感冒都好了，能去上课。 난 감기가 다 나아서 수업에 갈 수 있어.
  Wǒ gǎnmào dōu hǎo le, néng qù shàngkè.

- 他身体不舒服，明天不能去上课了。
  Tā shēntǐ bù shūfu, míngtiān bù néng qù shàngkè le.
  그는 몸이 안 좋아서 내일 수업을 갈 수 없어.

会: 학습을 통해 어떤 능력을 획득한 것을 나타낸다.

- 我不会开车，他会开车。　나는 운전할 줄 모르지만 그는 운전할 줄 알아.
  Wǒ bú huì kāichē, tā huì kāichē.

② 주어의 의지를 나타내는 조동사 想과 要

想: 주어의 바램이나 가벼운 의지를 나타낸다.

- 我想去旅行。　난 여행 가고 싶어.
  Wǒ xiǎng qù lǚxíng.

要: 주어의 의지를 나타낸다.

- 我要喝美式咖啡。　나는 아메리카노 마실 거야.
  Wǒ yào hē měishì kāfēi.

  ▶ 의지를 나타내는 要의 부정형은 不想이다. 不要는 '~하지 말라'는 금지의 의미를 나타낸다.

③ 허가를 나타내는 조동사 可以와 能

可以: 상황이나 조건이 맞아서 해도 된다는 '허락'의 의미를 나타낸다.

- 你有什么问题，随时可以来找我。　무슨 문제 있으면 언제든지 나를 찾아와도 돼.
  Nǐ yǒu shénme wèntí, suíshí kěyǐ lái zhǎo wǒ.

能: 허락이나 허가의 의미를 나타내며 부정문이나 의문문에 많이 사용된다.

- 外面下大雨，不能去海边玩。　지금은 비가 많이 와서 해변에 놀러 갈 수 없어.
  Wàimiàn xià dàyǔ, bù néng qù hǎibiān wán.

  ▶ '허가하지 않음'을 나타낼 때는 不可以 보다는 不能이 더 자주 사용된다.

④ 의무·당위를 나타내는 조동사 要, 应该, 得, 必须

要: 화자가 판단하기에 그렇게 해야 함을 나타낸다. 의무의 강도가 약하다.

- 垃圾要放在这儿。　쓰레기는 여기에 놓아야 해.
  Lājī yào fàng zài zhèr.

应该: 도리상 마땅히 그래야 함을 나타낸다. 该나 应当도 비슷한 의미이다.

- 晚上有大风，应该把窗户关好。　저녁에 바람이 세니까 창문을 꼭 닫아야 해.
  Wǎnshang yǒu dàfēng, yīnggāi bǎ chuānghu guān hǎo.

得 děi: 반드시 해야만 함을 의미하고, 의무의 강도가 세다. 必须도 강한 의무를 나타낸다.

- 开车时，你得注意安全。　운전할 때 안전에 주의해야 해.
  Kāichē shí, nǐ děi zhùyì ānquán.

⑤ 추측을 나타내는 조동사 会, 能, 要, 应该, 可能

　会: 상황이 발생할 가능성이나 개연성이 있음을 나타낸다. (可)能과 要도 가벼운 추측의 의미를 나타낸다.

- 天气预报说今天会下大雨。　일기예보에서 오늘 큰 비가 올 거래.
  Tiānqì yùbào shuō jīntiān huì xià dàyǔ.

- 老板不在公司，可能下午才能回来。
  Lǎobǎn bú zài gōngsī, kěnéng xiàwǔ cái néng huílái.
  사장님은 회사에 안 계셔, 아마 오후에나 오실 거야.

　应该: '당연히 ~할 것이다'라는 강한 확신을 나타낸다.

- 爸爸走得很早，应该赶上了火车。　아빠는 일찍 갔으니 기차를 탔을 거야.
  Bàba zǒu de hěn zǎo, yīnggāi gǎn shàng le huǒchē.

(2) 조동사의 문법적 특징

① 술어 앞에 위치하고 부정은 不를 부가한다.

- 他会唱中国歌。　그는 중국 노래를 할 줄 알아.
  Tā huì chàng Zhōngguó gē.

- 我不会游泳。　난 수영을 못 해.
  Wǒ bú huì yóuyǒng.

- 今天他有事没能来。　그는 일이 있어서 올 수 없었어.
  Jīntiān tā yǒu shì méi néng lái.
  ▶ 일부 조동사는 没로 부정할 수 있다.

② 조동사는 전치사구 앞에 위치한다.

- 我们可以在这儿休息休息。　우린 여기에 좀 쉴 수 있어.
  Wǒmen kěyǐ zài zhèr xiūxi xiūxi.

③ 연동문과 겸어문에서 조동사는 첫번째 동사 앞에 위치한다.

- 从明天起，你可以去那家公司上班。　내일부터 넌 그 회사에 출근해도 돼.
  Cóng míngtiān qǐ, nǐ kěyǐ qù nà jiā gōngsī shàngbān.

④ 일부 조동사는 형용사 앞에 올 수 있다.

- 他是怎样的人，你应该清楚。　그가 어떤 사람인지 넌 잘 알 거야.
  Tā shì zěnyàng de rén, nǐ yīnggāi qīngchu.

- 多休息几天，心情会好一点儿。　며칠 더 쉬면 기분이 좋아질 거야.
  Duō xiūxi jǐ tiān, xīnqíng huì hǎo yìdiǎnr.

⑤ 일부 조동사는 주어 앞에 올 수 있다.

- 可能他不知道今天发生了什么事情。
  Kěnéng tā bù zhīdào jīntiān fāshēng le shénme shìqing.
  그는 아마 오늘 어떤 일이 일어났는지 모를 거야.

연습문제

★

모범
답안

1 ① 这只小狗很可爱。

② 这里的风景非常美丽。

③ 情人节星期五。

④ 他买衣服。

2 ① 동사술어문

② 동사술어문

③ 명사술어문

④ 동사술어문

⑤ 형용사술어문

3 ① 你去中国吗? / 你去不去中国?

② 今天不是星期二。

③ 这个孩子很可爱。

④ 我不是学生。

⑤ 他没有女朋友。

4 ① 我没有妹妹。

② 你喝什么?

③ 你喜欢谁?

④ 今天不是十号，是十一号。

⑤ 今天星期几?

1 ① 你都看过什么词? / 你都看过哪些词?

② 昨天你去哪儿了? / 你昨天去哪儿了?

③ 你学过汉语吧?

2 ① 大一的时候，我经常旷课。

② 昨天我写完报告了。

③ 我高中的时候很踏实。

④ 以前我觉得汉语很难，但现在觉得还
可以。

⑤ 昨天很冷。

⑥ 我跟他见过面。

⑦ 早上我已经喝咖啡了。

⑧ 昨天他来了。

⑨ 去年我常常喝拿铁。

⑩ 我学过一年汉语。

3 ① 我上个学期每个星期二早上九点上课。

② 我吃了坏东西。

③ 我放了一点儿牛奶。

④ 我去年经常打篮球。

⑤ 我小时候喜欢冬天。

⑥ 我去年很关心中国。 /
我去年对中国很关心。

⑦ 你看过他的SNS吗?

⑧ 这个地方以前可以抽烟。

⑨ 我昨天想去兜风。

⑩ 以前我想跟他交往。

4 ① 나는 많은 돈을 벌었다.

▶ 목적어가 수식구조 [不少+钱]이므로 了가 동
사 뒤로 이동한다.

② 나는 배고파졌다.

▶ 형용사 뒤에 쓰여 변화를 나타낸다.

③ 나는 사과 한 근을 샀다.

▶ 목적어가 수량구조 [一斤+苹果]이므로 了가
동사 뒤로 이동한다.

④ 나는 복숭아, 포도, 수박을 먹었다.

▶ 두 개 이상의 목적어를 나열할 때는 了가 동
사 뒤로 이동한다.

⑤ 나는 요즘 많이 말랐다.

▶ 형용사 뒤의 了는 변화를 나타낸다.

⑥ 나는 MT를 갔다.

▶ 과거를 나타내는 일반적인 용법이다.

Chapter 03   p.58

1　① 我昨天没写报告。

　　② 我没去参加MT活动。

　　③ 身体不舒服的时候，不跑步。/
　　　我每天早上不跑步。

　　④ 不经常踢，偶尔踢。

　　⑤ 我没有随行杯。

　　⑥ 天还没亮呢。

2　① 昨天我没去看电影。

　　② 昨天我没学习。

　　③ 我一个星期没喝酒了。

　　④ 我小时候不愿意去中国。

　　⑤ 我小时候没养小狗。

　　⑥ 我没吃饭。

　　⑦ 她以前不胖。

　　⑧ 肉还没熟呢，等一会儿吃。

3　① 我昨天没看电影。

　　② 我没给他发电子邮件。

　　③ 我以后不跟他见面了。

　　④ 我昨天不想去打工。

　　⑤ 这个西红柿三天前不红，现在红了。

　　⑥ 这个牛奶不新鲜。

　　⑦ 我一年没去中国了。

Chapter 04   p.72

1　① 我爷爷的小狗

　　② 妈妈的墨镜

2　① 他是北京大学的学生。

　　② 他穿了一件灰色的衣服。

　　③ 我爱看(李小龙)演的电影。

　　④ 这是我的随行杯。

3　① X, X　　　　② 的

　　③ 的, 的　　　　④ X

4　① 又　　　　② 还, 再

　　③ 还　　　　④ 才

　　⑤ 还

Chapter 05   p.92

1　① 昨天我睡了两个小时。

　　② 我每天都坐地铁去学校。

　　③ 小李给我带来了一件小礼物。

2　① 有　　　② 跟　　　③ 从

3　① 我去过几次北京。/ 我去过北京几次。

　　② 他来韩国已经两年了。

　　③ 我每天坐地铁去学校。

　　④ 我告诉你一个好消息。

　　⑤ 他在房间里听(着)音乐。

Chapter 06   p.104

1　① 他在写报告。

　　② 桌子上放着一台电脑和一个杯子。

　　③ 黑板上写着"生日快乐"。

　　④ 他带着帽子，围着围巾，穿着红色衣服。

2　① 从去年开始我一直喜欢(着)他。

　　② 昨天我去找他的时候，他在吃饭。

　　③ 门前站着两个人。

　　④ 床上摆着一个娃娃。

　　⑤ 他一边说话，一边吃饭。

3　① 교실 문이 계속 열려 있는데, 안에는 사람이
　　　없다.

　　② 서 있지 말고, 빨리 앉아.

③ 앉아서 발표하지 마세요.

④ 그는 나와 악수하며 말했다. "안녕하세요."

⑤ 그는 웃으면서 나에게로 걸어왔다.

4 ① 我在吃饭(呢)。

② 我在做PPT(呢)。

③ 他在考试(呢)。

④ 他在回家的路上。

⑤ 他们聊了三个小时了。

⑥ 我学英语学了十年了。

⑦ 我写报告写了十张了。

⑧ 我在等那个人。 / 我等着他(呢)。 /
我在等他。

⑨ 床上乱放着昨天穿过的衣服。

⑩ 墙上挂着一台电视。

Chapter 07　　p.120

1 ① 和　　② 帮

③ 吃　　④ 使

⑤ 有　　⑥ 让

⑦ 着　　⑧ 到

⑨ 在　　⑩ 于

2 ① 我们以前见过几次面。

② 他早上起了床就出去散步了。

③ 他得了重感冒，请了两天假。

④ 我请你喝咖啡。

⑤ 我们班来了一个新同学。

⑥ 昨天发生了一件大事。

⑦ 他毕业于北京大学。

⑧ 我去过中国一次。

3 ① 조심 좀 해, 사기 당하지 말고.

② 그의 미소가 나를 흐뭇하게 만들었다.

③ 사람들은 그를 국가의 영웅이라고 부른다.

④ 맞은편에서 어떤 잘생긴 남자가 걸어왔다.

⑤ 그들은 서로 의견을 교환했다.

4 ① 高血压患者每天听半个小时音乐有助于降低血压。

② 你们谈恋爱已经两年了，什么时候请我们吃喜糖啊？

Chapter 08　　p.134

1 ① 饭都吃完了。 / 它吃完饭了。

② 突然下起雨来了。

2 ① 报告还没有写完。

② 今天睡到九点，所以来晚了。

③ 请进来喝茶。

④ 我同屋回美国去了。

⑤ 我们走上去了。

⑥ 天气热起来了。

⑦ 他看到我就向我跑了过来。

3 ① 见到　　② 找到

4 ① 결과보어　　② 방향보어

Chapter 09　　p.146

1 ① 我看得懂。 / 我看不懂。

② 一天看得完。 / 一天看不完。

③ 我爬得上去。 / 我爬不上去。

④ 我来得及赶火车。 / 我来不及赶火车。

⑤ 我拿得动。 / 我拿不动。

⑥ 以前买不到，现在买得到。

2 ① a　　② a

③ c　　④ b

⑤ d

3 ① 作业太多了，你做得完吗?

② 你写的字太小，我看不见。

③ 我的书包很小，装不下十本书。

④ 汉语老师的名字，我想不起来了。

⑤ 现在去来得及吗?

Chapter 10   p.161

1 ① 她长得非常漂亮。

② 他跑得很快。

③ 你画花儿画得很好。

④ 他们玩得很高兴。

2 ① 我想死你了。

② 今天天气热得要命。 / 今天天气热得慌。

③ 我困得要命。 / 我困死了。

④ 气死我了。 / 我气得要命。

3 ① 你暑假过得好吗?

② 他每天起得很早。

③ 你这次考试考得好吗?

④ 她跳舞跳得不好。

4 ① 他写得不太快。

② 他说汉语说得很流利。

③ 他们高兴得跳了起来。

④ 他们忙得要命。

5 ① 她跳舞跳得好不好?

② 他长得帅吗?

③ 他汉语说得怎么样?

④ 你们玩得高兴吗?

6 ① 她歌唱得不好。

② 他打字打得不快。

③ 我打扫得不干净。

④ 妈妈做菜做得不好吃。

Chapter 11   p.179

1 ① 小李比小张高15厘米。

② 哥哥比妹妹大5岁。

③ 小李的衣服比我的贵120元。

④ 篮球比足球重190克。

2 ① ⓓ   ② ⓓ

③ ⓓ   ④ ⓒ

⑤ ⓑ

3 ① 他比你更了解情况。

② 弟弟的个子比我高。

③ 他比我高一点儿。

④ 他的年龄跟我的不一样。

⑤ 他比我来得早一些。 /
   他比我早来5分钟。

⑥ 他来得不比我早。

⑦ 她跳舞跳得比我好。

⑧ 他汉语说得有你这么流利。

⑨ 我和哥哥的性格完全一样。

⑩ 我比他大三岁。

4 ① d   ② d

③ c   ④ d

⑤ a

Chapter 12   p.195

1 ① 成人民币

② 窗户打开

③ 翻译成

④ 打碎了

⑤ 批评了

⑥ 被蚊子

2 ① 我没有把那条围巾送给他。

② 我把我的书包放在沙发上了。

③ 你不应该把可回收垃圾扔在垃圾桶里。

④ 她把书送给我了。/
她把这本书送给我了。

⑤ 杯子被他打碎了。

3 ① ⓑ　　　　　　② ⓐ

③ ⓒ　　　　　　④ ⓐ

⑤ ⓐ

4 ① 我把钱花光了。

② 我还没把电影看完。

③ 我能把窗户关上吗?

④ 我把买来的水果洗干净了。

⑤ 你能不能把椅子往前挪一下?

⑥ 我同屋把房间打扫得干干净净。

⑦ 服务员,麻烦您把火调小点儿。

Chapter 13　　　　　p.212

1 ① 昨天他们坐飞机顺利回到韩国。

② 老师给我们介绍的那部中国电影非常
感人。

2 ① b　　　　　　② b

③ a　　　　　　④ b

⑤ a

3 ① a 바나나는 막 사왔다.

▶ 바나나(香蕉)가 문장 맨 앞에 위치하면 이
미 알고 있는 한정적인 의미를 가진다. 바
나나는 화제화 된 성분이고, 뒤에는 사왔
다는 행위를 진술하는 의미로 초점이 뒤에
놓인다.

b 방금 바나나를 사왔다.

▶ 바나나를 사왔다는 전체적인 사건을 나타
내는 기본적인 표현이다. 의미의 초점은 문
장 전체에 있다.

② a 훠궈는(훠궈로 말할 것 같으면) 나는 매운 맛
을 가장 좋아한다.

▶ 화제문

b 나는 매운 훠궈 먹는 것을 가장 좋아한다.

▶ 단순 진술문

③ a 선생님이 말씀하신 내용을 나는 아직도 못
알아듣겠다.

▶ 화제문

b 나는 선생님이 하신 말씀을 아직 잘 못 알아
듣겠다.

▶ 단순 진술문

④ a 샤오리는 아주 열심히 일한다.

▶ 동작 상태 묘사

b 샤오리는 일을 아주 열심히 하는 사람이다.

▶ 샤오리의 근무에 대한 평가

4 ① 这种菜吃起来口感特别好。

② 玫瑰呢,花是红的,叶子是绿的。

③ 美式咖啡,小杯是10元,大杯是15元。

④ 他从今天早上9点工作到下午6点。

⑤ 他去便利店买方便面了。

MEMO

MEMO

MEMO